それでも、
「信頼」の可能性を問う

早稲田大学文学学術院 総合人文科学研究センター
研究部門
「現代日本における『信頼社会』再構築のための総合的研究」編

はじめに

二〇一七年夏、日本では内閣改造が行われた。その際、内閣総理大臣をはじめとして諸大臣が記者会見で口にしたのは「信頼回復」という言葉である。これは、この国で「信頼回復」が常套句になっていることを再確認する機会となった。このように「信頼回復」が連呼される背景には、さまざまな事件・問題を通して社会に沈殿した「不信」がある。政治家がこの状況を克服すべきものと考えるのは、孔子が「信なくば立たず」と述べた時代から変わらない。

もとより「信頼回復」は政治の世界だけの問題ではない。中央官庁が、地方公共団体が、企業が、そして教育機関が、その不祥事を明らかにするとき、つねに「不信」を招いたことへの謝罪と「信頼回復」への決意がパッケージのごとく語られる。注意深く見まわしていれば、メディアでこれらの言葉を見かけない日は稀である。いったいこうした事態は私たちの社会のどのような状況を表現しているのだろうか。「信頼回復」を最重要視しなくてはならないほど、この社会は「不信」に支配されているのだろうか。

私たちにこうした問題を突きつけ深い反省へと導いたのは、二〇一一年三月の東日本大震災、いやむしろその直後に発生した東京電力福島第一原子力発電所の事故と、それに伴う福島県などの地元住民の危機的事態である。かの大震災は原発震災としても私たちに記憶されることになった。東日本に住む人々は、混乱の中で、何を信じていいのか分からないという日々を送った。政府の発表も、東京電力の説明も、メディアの情報も、私たちの不信を募らせるものだった。関東平野の上空を、放射能を含んだ雲が移動していても、東京の住民はそれを知らず、知らされず、海外の友人から「すぐに飛行機に乗って逃げてきなさい。住居は何とかするから。」というメールをもらって、ことの重大さに気づかされる。こうした経験をした人も少なくなかったはずである。

しかしながら、計画停電の暗闇となった自宅の中で、また電力消費量抑制のために薄暗がりとなった地下鉄に乗りながら、私たちは、政府や企業あるいは科学技術に対する不信を反芻するばかりではなかった。むしろ問題意識は自分自身に折り返ってきた。福島の原子力発電所が首都圏の電力をまかなっている。私たちは日々都会で電力を享受しながら、福島の人々や自然を犠牲にしてしまったのではないか、知らず知らずのうちに犠牲にしてきたのではないか。このような生活をしている私とはいった誰なのか。こんな自分を信頼できるのか。信頼という問題は、こうして自分への問いになった。

ここで私たちは、あらためて問い直さねばならなくなる。もはや何もかも信頼できないのではないか。信頼回復を安易に語る言葉を受け入れてはならないのではないか、と。こうした不信を見詰めつつも、さらに考える。こうした不信に滞留するだけでよいのか。それでも、信頼の可能性を見出さなくてよいのか、と。こうした問いは私たちを、そもそも信頼とは何かという問題へと導く。このような問いを問いぬくのにふさわしい場は、人文学に他ならない。ここに集められた論文たちは、以上のような問題意識に貫かれた共同研究に基づくものである。

実は、「信頼」ということがらそのものには、すでに研究上の蓄積がある。多くの研究者が参照枠とする、哲学者にして社会学者G・ジンメルの所説、第二次世界大戦の経験を踏まえた、教育哲学者O・F・ボルノーの所説、あるいは近代という時代を分析した社会学者、A・ギデンズ、さらに比較的最近ではF・フクヤマの大著を挙げることができる。他方、発達心理学の立場からベイシック・トラストを論じたエリクソンの研究も重要である。私たちは、このような先行研究を踏まえつつ、「共同研究」という方法を採用した。すなわち、「信頼」・「不信」・「信頼回復」という問題を、社会学、障害学、心理学、文学、哲学などにおける学問的方法と蓄積を合わせ用いることで、この問題系の多様さをつかみ取ろうとした。このような手法に、新しい人文学の可能性を見出そうとしたからである。

本書に収められた各論文は、いったんはそれぞれの学問的基盤に立脚した独立のものである。したがって、どの論文からもお読みいただくことができる。もっとも、この共同研究のような学際性は、複数の立場からの文章を読む人に自分なりの参画を促すものである。読者が、いくつかの論文を読み比べることで、信頼という問題をご自身のものとして深めてくださることを、執筆者一同は期待している。

二〇一七年九月一日

早稲田大学文学学術院
総合人文科学研究センター
研究部門「現代日本における『信頼社会』再構築のための総合的研究」

目次

はじめに……iii

〈信頼と社会学〉……1

第一章　リアリティの分断と不信
——信頼の可能性に向けて……（草柳　千早）……3

はじめに……3
一、信頼の諸相……4
二、システムへの信頼をめぐる現代日本、その日常生活における不信の表明をめぐる困難……6
三、システムに不信を抱く／抱かないこと……9
四、不信をめぐるリアリティの分断……12
五、不信を抱く者の苦境……16
六、不信の社会的重要性……18

第二章　信頼とライトノベル
——ギデンズのルーティン論を中心に……（竹中　均）……25

一、社会学者ギデンズの信頼論……25
二、ルーティンと実践的意識への注目……26
三、普遍的ではない本質……28
四、「違背実験」からみえてくるもの……30
五、存在論的安心の形成……31
六、時間と空間のコンテクスト……32
七、「ぼっち」のロジカルシンキング
——あるライトノベルの事例……34
八、信頼に対する二つの態度……35
九、ルーティンとしての出身地……38

第三章　システム信頼のゆくえ……（山田　真茂留）……41

一、人間への信頼とシステムへの信頼……41
二、日本的信頼の理念型……47
三、信頼現象における人格性と非人格性……52

四、ゆらぐシステム信頼……57

〈信頼と障害学〉……65

第四章　「信頼社会」を超えて
――多様な生を棄損しない社会の
ありかたをめぐる試論…（岡部　耕典）…67
一、「信頼社会」の射程と限界……67
二、「信頼」から排除される者たちと
「変形力のある包摂」……68
三、多様性を担保する社会の存立様式……69
四、「生の無条件の肯定」と「配慮の平等」…71
五、「弱さを絆に」と
「サバルタン対抗公共性」……72
六、「感情公共性」と「変形力のある包摂」…73
七、〈信頼〉の本質主義と〈社会〉の
「自律神話（autonomy myth）」を超えて
……75

〈信頼と心理学〉……79

第五章　女性の財産犯にとっての信頼とは
……（藤野　京子）…81
はじめに……81
一、家族を支える収入が得られなくなった
ので窃盗に走ったAさん……81
二、置き引きで
パチンコ代を工面するBさん……84
三、弱みを見せられずに転落したCさん……87
四、安定した就労ができるまでと
言い訳して万引するDさん……90
五、オークション狂いで
会社の金を横領したEさん……92
ま　と　め……94

〈**信頼と文学**〉……………………………………97
第六章　歓待としての詩
——和合亮一の震災後の詩の営み
……………………………（堀内　正規）…99
第七章　クリスタ・ヴォルフの『天使の街もしくはフロイト博士のコート』について
……………………………（松永　美穂）…115
一、現代史のなかで翻弄される作家
——クリスタ・ヴォルフの場合……………115
二、『天使の街』という作品…………………118
三、作品はどのように受けとめられたのか？
……………………………………………………125
第八章　演出者としての里見弴——ト書きへの加筆修正をめぐって…………（宮本　明子）…129
はじめに……………………………………………129
一、「信頼」の基点……………………………130
二、明細なト書き………………………………137
三、鎌倉文学館所蔵
里見弴関連資料調査結果……………………140
おわりに……………………………………………142
〈**信頼と哲学**〉……………………………………145
第九章　「信頼回復」という問題…（御子柴　善之）…147
はじめに……………………………………………147
一、「信頼」概念を限定する…………………148
二、信頼の価値を考える………………………151
三、「信頼回復」の要件を考える……………153
おわりに……………………………………………157
おわりに……………………………………………160
執筆者の略歴一覧…………………………………162

〈信頼と社会学〉

第一章　リアリティの分断と不信——信頼の可能性に向けて

草柳　千早

はじめに

現代社会で、私たちは諸々の制度、組織に対する信頼を裏切られるような事態にしばしば遭遇している。いったい何が起こっているのか、何が行われているのか、をめぐって不信感を抱く機会は少なくない。しかし同時に、個人が日常生活の中で、こうした不信を表に出すことは、必ずしも容易ではない。不信は揶揄されたり、嘲笑されたり、否定されたりする。不信を抱く者と抱かない者との間の分断。このような事態の問題性に目を向けてみたい。その上で、不信を超えた信頼の可能性を考えていきたい。

……このあいだも、ちょっといやなものを見た。ファミレスで隣の席の子ども連れの母親がなにかを注文するときに「この貝ってどこで採れたものですか?」と質問したんだよね。そしたら店員は「きいてまいります」と対応したのだけれど、それを聞いていたべつのテーブルの男性客が、いかにもな嘲笑を浮かべて「でた危険厨(ネットスラングで、危険バカ、ぐらいの意)! 気になるんだったら食べにくるなよ(笑)」的な揶揄を聞こえるように飛ばしたりして、なんだかなあ。「人のことは放っとけよ」と思わず喉まで出かかったけれど、それこそ関係ないわたしがしゃしゃり出るのも鬱陶しいなと思って呑み込んだのだが、なんともしんどいひとときだった。(川上未映子(二〇一二年)『人生が用意するもの』八〇頁)

一、信頼の諸相

「信頼」とは何か。G・ジンメルは次のように言う。

> 信頼は、実際の行動の基礎となるほどに十分に確実な将来の行動の仮説として、まさに仮説としての人間についての知識と無知とのあいだの中間状態なのである」。「完全に知っている者は信頼する必要はないであろうし、完全に知らない者は合理的にはけっして信頼することができない（Simmel, 1908=1994: 上 359)。

私たちは他者を完全に知ることはできず、逆に完全に知らないということもできない。とても身近な家族でも一〇〇%知ることはできず、見ず知らずの人についても何らかの情報は持つだろう。つまり、信頼は、事実上すべての他者との間で問題となる。

ジンメルはさらに、信頼に必要な知識のあり方は、社会・時代の状況によって異なると言う。例えば、現代、店で買い物をする際、店員を個人としてよく知っている必要はない。ジンメル曰く「一定の外面のみ」(Simmel, 1908: 上 360)―ここでは店員であるということ―が分かっていれば事足りる。以前は、人は他者を信頼する上でより多くの個人的な知識に頼っていたであろうし、実際日頃接する他者についてより多くの個人的知識を持っていたであろう。そもそも日頃関わる人の数が今よりずっと少なかった。

ところで、外面的な知識だけで店員に何の疑いもなく代金を渡せるのはなぜか。それは、相手が店に雇用されており勤務中である、という前提のもと、そうであるからには何らかの一定の要件を満たしており、一定の服務規程に従って適切に振る舞うであろう、と暗黙の内に私たちは期待し、また期待できると思っているからであろう。これはもはや当該の店員個人に対する信頼というより、店に対する信頼、ひいてはより広く流通販売システム、雇用・労働システム、経済システムといったものへの信頼である。現代の私たちの生活を多くの場面で支えているのは、こうした、非個人的なものへの信頼である。

N・ルーマンは、信頼の機能的な分析において、個人への信頼とは別に、システムへの信頼という主題に着目する。ルーマンによれば、信頼とは、複雑性を縮減するメカニズムである（Luhman, 1973=1990）。「人格的信頼」とは、「他者が、その自由すなわち行為可能性の不気味な能力を、人格であるという意味で発揮するであろう、という一般化された期待」（Luhman, 1973=1990: 70）であり、これは、人間の振る舞いに含まれる不確実性の要素を埋め合わせる。しかし、高度に分化し複雑化した現代社会で私たちは、人格的信頼だけでやっていくことはできない。店員に対していちいち人格的信頼に基づく関係を作ってからでなければ買い物もできないようでは生活はまわっていかない。そこには「人格的なものを介して形成されるのとは違う、別の信頼の形式」（Luhman, 1973=1990: 86）が必要であり、現にある。それがシステムへの信頼、一般的なシステムのメカニズムに対する信頼である。

現代、システム信頼の必要性はますます増大している。先に見たように、対個人的な信頼も、往々にしてシステム信頼に媒介されている(1)。システムへの信頼は私たちの日常生活において不可欠である。これがなければ、電車に乗る、教育を受ける、それどころか、日々生きるための食事すらままならなくなるだろう。「多様な抽象的システムによせる信頼は、当事者がその点をはっきり認識しているか否かにかかわらず、今日の日常生活の不可欠な要素となっている」（Giddens in Beck, Giddens and Lash, 1994=1997: 168）のである。

こうしたシステムへの信頼には、固有の特性がある。再びルーマンを参照するなら（Luhman, 1973=1990: 107–108）、まず、私たちにはシステムを見通すことはほぼ不可能である。しかしながら、あるいは、それにもかかわらず、システムへの信頼は、人格的信頼に比べて学習しやすい。実際ある人物を信頼できるかどうかと悩むより簡単に、私たちはインターネットで実体のよく分からない売り手から商品をクレジットカードで買うだろう。いつどこでどのように作られたのか、またその成分もよく分からない加工食品を平気で食べる。他方で、信頼をコントロールすることは困難である。信頼は「無限定的なもの」となり、「それゆえに個々の期待はずれにたいして抵抗力をつけ、ほとんど免疫的にすらなった」(Luhman, 1973=1990: 107)。それはまた、不可避であり、潜在的、言い換えれば、日常生活の中で意識化・主題化されづらい。その点でシステム信頼は、「馴れ親しみ」(Luhman, 1973=1990: 28)と似ている。馴れ親しみとは、一切の信頼・不信の前提であり、馴れ親しまれた世界では、物事はこれまで馴れ親しんできたように存続していくものと想定される。そこでは信頼という問題は熟慮の主題にはならない。それが主題となるときにはもはや馴れ親しみはその自明性を失っている。とはいえ、システム信頼は、「素朴に」体験された日常世界にたいする馴れ親しみとは本質的に異なっている」(Luhman, 1973=1990: 110)。こうした信頼をコントロールするためには専門的な知識が必要である。専門的な知識がなければ、コントロールにあたる専門家を当てにするしかないのだが、そのコントロールもまたシステムに含まれて、コントロールへの信頼もまたシステムへの信頼に帰着する。こうしたことを踏まえてルーマンは言う。

個人は、実際には信頼そのものをつくり出したり、コントロールしたりすることはできないにもかかわらず、［システムを］信頼しなければならないという強制下に置かれている自分を一体どのように理解したらいいのか(Luhman, 1973=1990: 109)。

ところが、こうしたシステムへの信頼を裏切られるような事態がしばしば起こる。

二、システムへの信頼をめぐる現代日本、その日常生活における不信の表明をめぐる困難

現代日本で一般に制度や組織に対する人々の信頼はいかほどのものか。山田真茂留は『信頼社会のゆくえ価値観調査に見る日本人の自画像』(二〇〇七年)に

おいて実証的なデータに基づいて、現代日本では「個人間における一般的な信頼感」が「希薄」であること、そして「政治・経済・社会・文化いずれの制度に関しても、非人格的な信頼がきわめて低い程度に留まっているという実態があきらかになった」（山田、二〇〇七：三〇―三一）としている。

実際、現代日本の状況に目を向ければ、諸制度、組織に関して、私たちの信頼を裏切る事件の発覚が後を絶たない。ニュース報道を見れば、「不信」と「信頼回復」について書かれる事件に事欠かない。原発事故、沖縄の米軍基地、東京オリンピック等々をめぐる国や自治体、企業等の対応、政治、医療、教育……システムを信頼しなければならない強制下に置かれながら、その信頼を裏切られるような事態を、私たちは続々と知らされる。報道の言説では、不信の表明、信頼回復の要求は殆ど常套レトリック化している。

しかし、私たち自身の日常生活に目を転じるなら、システムへの不信を表立って口にすることはいつもそれほど容易というわけではない。冒頭に挙げた川上未映子の文章が切り取っているような光景は、そこここにあり誰もが折に触れて見聞きしているのではないだろうか。

福島の原発事故をめぐって母親たちの声を集めた証言集、DAYS JAPAN『福島原発事故後の生活・子どもの健康　福島の母４４０人の証言集』（二〇一四年）がここにある。「国が安全と言っていることに大きな不安を感じる。後々になって「やはり間違っていた」と言われても、子どもたちの健康は戻ってこない」（一〇三頁）。「真実を話してほしい」（一〇一頁）。母親である女性たちの声のうちには原発事故にまつわる不安、国や関係組織への不信が見てとれるのだが、それに加えて目をひくのは、不信、不安について声を上げることができないという思いとそのつらさを語る言葉である。

「安心・安全ばかりクローズアップされて、私たちのような一部の不安を抱える人間は声を上げづらく、行動にも移しにくくなっています」（九六頁）

「なぜ心配していると声に出すと神経質な母親と言わ

れるのか、不思議でなりません。苦しみの声、助けの声を吐き出す場所がない。本当に恐ろしい世の中ですね」（一〇五頁）。

「先日、「放射能のことは心配だけれど、話せる友人がいない……」という友人と会った。この問題はかなり広く深いところまでいってしまったと思う」（一〇七頁）。

事故の翌年の新聞記事でも同様の言葉が目をひく。

最近は放射能のことを話題にしないようにしている。「放射能が心配だ」といおうものなら、「県や市が大丈夫だといっているのにあんたは何だといわれる雰囲気だ」という（朝日新聞　二〇一二年六月七日）。

不信を抱えている人々は、不安を感じ心穏やかにはいられない。つらさはしかしそれだけに留まらない。そのことについて声を上げることができない、その気持ちについて周囲の理解が得られないというさらなるつらさが見てとれる。その言葉の向こうには、彼女たちの不信を受けとめかねている、あるいはより積極的に受け入れずにいる人々、不信の声を結果的に封じてしまうような壁の存在が感じられる。

冒頭に挙げた川上未映子の文章はさらに続く。

安全だと認識している人たちは危険だと騒いでる人を「はいはい（笑）」みたいにあしらい、ときには嘲笑し、危険だという認識をもっている人たちは安全だという人々の鈍さや呑気さがさらなる最悪の事態につながっていくように思えて気が気ではいられない。（中略）とまれ、安全だと信じている人は、まあ安全だと思っているから心は平穏に近いわけで余裕もあるからいいとして、どんどん疲弊していくのは危険認識派の人々だ。科学的に考えれば問題ないのは明らかなのにヒステリを起こすのは頭の悪い証拠だと、小さい子をもつ親とか、これから子どもを欲しいと思っている女性たちはまわりからの理解を得られないどころか排斥されて、どんどん孤立してゆく（川上、二〇一二：七五―七六）。

システムに不信を抱く者の声の上げられなさと孤立。不信を抱く者とそうでない者との分断。原発事故はこうした事態を私たちの日常において引き起こした。この問題に限らず、自らの不信について声を出せない、という経験は、誰しも覚えがあるのではないだろうか。不信を招くようなことが次々に起こっている一方で、その不信をむしろ抑圧してしまうようなメカニズムが私たちの日常にある。これがシステムに不信を抱く人々をさらなる苦境へと追いやっている。

ここでは、「ここで起こっているのは何か」をめぐる人々の経験と相互の関係について考察した、二人の論者、E・ゴフマンとM・ポルナーの議論を手がかりに、この問題について考えていく。

三、システムに不信を抱く／抱かないこと

システムに不信を抱く／抱かないとはどういうことかを改めて考えてみる。

システムの全容を私たちは見通すことができない。私たちに直接見ることができるのは、その表面に浮かび上がるごく限られた部分である。誰の目にも明らかな事故、事件、発覚した不祥事、それらに関する報道、そして諸制度、組織を代表する人々の言動等である。

制度・組織の顔というべき人々は通常、自らが代表するシステムを信頼に値するものとして呈示する。「適切に運営されている」「万事順調」「問題なし」「問題は終息に向かっている」「解決に全力で取り組んでいる」等々。これらの呈示を以てシステムを信頼する人はする。システムへの信頼は、「馴れ親しみ」に近似していると き に は、これらの呈示をも必要としないほど潜在化し主題化されない。だが、何か問題が生じたときにもこれらの呈示を受け入れることができるなら信頼は維持されるだろう。先に見たルーマンの言葉通り、信頼は個々の期待はずれに対して抵抗力をつけるのである。翻って不信は、こうして呈示されているものに疑いを持つ。呈示されているものと「実態」とは異なっているのではないか、と疑う。

E・ゴフマンは、『フレイム分析』（一九七四年）、

において、「ここで起こっていることは何か」“What is it that is going on here?”を、人々が意味のある事柄として経験していく、そのことを可能にする社会的な枠組みについて探究し、そこで二つの疑いを区別した。“doubt”と“suspicion”である（Goffman, 1974: 122）。ここで論点を先取すれば、以下では、suspicion をシステムへの不信にほぼ近いものとして考えていきたいのだが、さし当たり二つの疑いを理解するため、「ここで起こっているのは何か」の経験を可能にする三層の枠組みに関するゴフマンの区別を見ておく必要がある。まず、第一次フレームワーク（primary frameworks）。これは、出来事を何らかの意味のあるものとして認識するときの、基礎的な解釈の枠組みである。例えば、電話がかかって応答すると若い男の声が聞こえ、至急お金が要ると言っている、ということがこれでわかる。このフレームワークがなければ、起こっていることは、意味不明の物や音の世界でしかない。次に、転調（keys and keyings）、これは、第一次フレームワークによってすでに意味のあるものとして経験（構成）されている出来事や活動を何らかの出来事や活動へと変換することである。今の電話を、トラブルを抱える息子からのＳＯＳであると理解する。そして、偽装（fabrications）。これには、出来事や活動を操作しようとする、個人あるいは複数の人々の意図的な努力が関わっており、これにより他の者たちは「ここで何が起こっているのか」について誤った信念（false belief）に誘導される。電話は実は詐欺である。しかし息子からのＳＯＳと信じた人にはそのことが分からない。[2] doubt と suspicion は、それぞれ転調と偽装に対応している、と整理できる。すなわち、転調に何か間違いが生じているのではないか、という疑いが doubt であり、偽装への疑いが suspicion である。[3]

大づかみに区別するなら、「ここで起こっているのは何か」について、doubt は、自身の思い違いや勘違い、誤解や誤認、認識の不確かさといったことを疑うこと、suspicion は、他者の側の不誠実や何らかの作為、まさに偽装を疑うということである。後者は、「自分が巻き込まれている事態が自分には与り知らないところで構成されているのではないか、それについてどう考えればよいのかについて、自分はきちんとした見解を持つことができない状況に置かれているのではないか、と（正しいにせよそうでないにせよ）感じ始めた人が持つ感じ」、疑い（Goffman, 1974: 122）である。

かくしてシステムへの不信は、suspicion にほぼ近いものと考えてよいのではないだろうか。ただし右の例では、電話は詐欺か否かどちらかであり、真相は息子への電話一本で確かめられる。そうすれば疑うことが正しかったのか間違っていたのかがはっきりする。だが、システムへの疑いではそうはいかない。疑う者もそうでない者も、「ここで起こっているのは何か」についてその「真相」を見極めることができない。わからないままにただ信頼するかしないか、である。

諸制度、機関の現状は、信頼に値するものとして呈示される。しかし、その呈示を額面通りには受けいれず、その背後で「（本当は）何が起こっているのか」が隠されているのではないか、「実態」は呈示の通りではないのではないか、と疑うこと。これが偽装への疑いであり、システムへの不信のあり方であろう。[4]

以上から、他方の、不信を持たないとはどういうことかについても述べることができる。それは、「ここで起こっているのは何か」について、呈示されていることを受け入れている、ということであろう。制度・組織から「順調」や「安全」といった公式的な呈示がなされれば、それを自らの行為の前提としてさし当たり受け入れ、それ以上はあえて問わない。こうした態度は、日常「信頼」という語の持つニュアンスとはやや異なるかもしれないが、機能的には複雑性の縮減に役立っている点で「信頼」と変わるところはないと言えよう。

システムに不信を抱く／抱かない、いずれの側も、システムの全容を見通すことができない。決して見通せない「ここで起こっていることは何か」について、呈示されていることをいかに受けとるか、この点で、両者は分かれる。どちらの経験が真に正しいとか間違っているという判明もつかないままに両者は袂を分かつのである。次には、こうして異なる立場に分かれてしまう人々の間に生じる問題、すなわちわかりあえなさ、不信を抱く側に寄っていえば、声を上げられない、周囲の理解を得られないつらさ、という問題、ひいては不信が社会的に抑圧・排除されるという事態に焦点を当てていく。

四、不信をめぐるリアリティの分断

あるシステムについて不信を抱く人々とそうでない人々は、「同じ」システムをめぐって異なる経験をしている。「ここで起こっているのは何か」について呈示されていることを異なる仕方で経験している。M・ポルナーは、「同じ」世界をめぐる異なるリアリティ経験、および自分とは異なる経験をしているらしい他者に対処する際の人々の方法について詳細に考察している。以下では彼の『日常の道理——日常のリアリティと社会学的言説』(Pollner, 1987)における議論を読みながらこの問題を考えていく。

私たちは通常、ひとつの客観的にそこにある世界のうちに皆と共にいる、という前提で生活している。例えば、東京には渋谷という街があり、私が行く渋谷と他者Aが行く渋谷は同一の街として実在している。渋谷はAと私にとってのみならず多くの人々にとって所与であり、客観的にそこにある。こうしたことはすべて私たちにとって自明の現実である。ポルナーはこれを「人々の存在論」(a folk ontology)、「人々の認識論」(a folk epistemology) と言う (Pollner, 1987: 23)。

だが、この同じ世界にありながら、私たちのリアリティ経験は食い違うことがある。例えば、私がある日の午後渋谷でAを見かけたとする。後日Aにそのことを言うと、その日渋谷には行っていないと返された。自分の経験と明らかに矛盾する言葉を前にして人はどう感じるだろう。Aは勘違いをしているのではないか、あるいは嘘をついているのだろうか、それとも私が見間違えたのか、何か勘違いをしているのか、と困惑するのではないか。同じひとつの世界にAと私が生きている以上、双方の言い分がともに正しい、ということはありえないからである。[5] 私が間違っていないとすれば、Aが間違っている、それともやはり私が間違っているのだろうか……。

このような事態をポルナーは、リアリティの分断(reality disjunctures)[6] と呼んで考察する（Pollner, 1987: 69)。ひとつの世界という前提のもとでは、このような矛盾は困惑を生じる。そこで、この矛盾をなんらかの形で説明し解消する方法が探られることになる。

では分断に対していったい何がなされるだろう。これがポルナーの問いである。彼は、リアリティの分断に直面した人が事態に対処する方法について考察する。端的に言って、日常の道理（mundane reason）では、リアリティの分断は、矛盾する他方のリアリティ経験を不完全な感覚の産物と説明することで対処される。例えば、目や耳の不自由、あるいは不適切な、不正確な観察、歪んだ心理の産物—例えば嘘、捏造、妄想等—、あるいは経験の伝達・表現上の問題—例えば虚言、冗談、隠喩等—の産物である等。異なる経験がこのように「説明」されるならば、ひとつの世界という前提は保たれる（Pollner, 1987: 69)。

しかし、実際これでリアリティの分断が解決すると思うのは性急である。私の経験を誤りだというAついて、たとえ私が、Aの方が勘違いしているか嘘をついているのではないかと思ったところで、それを言えばAとの間では水掛け論になるばかりであり、分断は解決どころかいよいよ深まるだけである。私が行うのと同じ説明を、他者も私についてできる。ではどちらが正しいのであろうか。この問題は、世界をよくみて解決する、ということができない。よく見ることができるのはそれぞれ自分にとってのリアリティだけである。互いに自分のリアリティでものを言えば、「説得合戦の不毛さ」（川上、二〇一二：七五）が際立つばかりである。

では、私たちはどうするだろう。ひとつありうるのは、単にやり過ごす、曖昧なままで済ませる、という対処法である。実際、いろいろな人がいて多様性が重要とされている現代社会では、人々が「同じ」状況下で異なるリアリティを経験していることはむしろ当たり前のこととして受け入れられ、ことさらに関心をひかずやり過ごされていることはよくあるだろう。確かに私はAを見たと思うのだが、Aがそこにいなかったと言うならそれでもよい。つまるところAがその日に渋谷にいようがいまいが、私にはどうでもよい、と。私たちは、リアリティの分断に対してしばしば無関心もなれる。相矛盾するリアリティはその結果相互不干渉のまま共存する。(7)

だが、いつも、矛盾していても気にしない、というわけではない。そこには主に二つのことが関わっているように思われる。ひとつは、相手と自分との関係であり、ここには相手との関係や相手の振る舞いの私への影響力などが含まれる。もうひとつは、言うまでもないが、そのトピックの重要性である。ひとつ目に、例えば、もしAが親密な、これまでずっと頼りにしてきた人だったなら、この突然の分断に私は困惑しこれを解きたいと思うだろう。だが、もしAがあまり関わり合うことのない他者なら、さほど思わないだろう。とはいえ、そんな他者でも自身の主張にどこまでもこだわって、私のことを「嘘つき」だとか「頭がおかしい」などと直接言ったり周囲に言いふらしたりするなら話は別で、私もそう安穏としてはいられなくなるだろう。その存在と言動は私にとってもはや無視できないものともなろう。要するに、「同じ」ことについて自分とは異なるリアリティを経験していると言う人々がいても、そのことが自身にとって何らの脅威とならず、特段の影響がないと思えば、人は分断に無関心、無対応でいられるだろう。だが、もう一方の相容れないリアリティが強く主張され、私や私のリアリティ経験が脅かされるとき、またその相手が自分にとって重要な他者であればあるだけ、私は困惑し、脅威を感じ、この分断に対して何かしなければならないと感じるだろう。そしてまた、当該の事柄が私にとって重要であれば尚更である。

このとき、「経験のポリティクス」(a politics of experience)(8)と呼ぶべき事態が発動するとポルナーは論じる(Pollner, 1987: 70)。「ある集団ないし個人のリアリティ経験(あるいはクレイム)が、当該リアリティに関して公式あるいは信任できると見なされるバージョンの観点から放逐される、あるいはその価値を割り引かれる」(Pollner, 1987: 70）という事態が起こるのである。一方のリアリティが他方を駆逐していく際の操作（operation）として、ポルナーは「経験を皮肉る（the ironizing of experience)」という方法に焦点を当てる。一方を世界についての決定的な経験とし、その観点からみて異なる経験を皮肉る―「誤り」「幻覚」「主観的」等々として貶める―のである（Pollner, 1987: 70–71)。例えば、専門家による「安全」という判断が「科学的」で「正しい」ものとされたなら、その観点から、人々の感じる「不安」は「科学的根拠がなく「正しくない」ということになる。そしてまた、専門家の呈示を「確かなもの」と受け入れている人々の観点からは、徒に不安がっているのは「非科学的」で「不適切」ということになる。ここから次のように言うことができる。あるリアリティ経験の「誤り」「不適切」という性格は、皮肉るという操作の産物である、と（Pollner, 1987: 72–73)。

ある経験を世界についての決定的な経験とし、以後の推論や行為の基盤とする、そしてその観点から、他の経験を皮肉る、これが経験のポリティクスである。

ではこのポリティクスはどのような実践からなるのだろうか。ポルナーは言う。「世界についてのある特定のバージョンを支持し、その理を説き、これを推論と行為の基盤として用いるありとあらゆる活動」（Pollner, 1987: 80）がそれである。すなわち、私の方が正しいと素朴に言い張ることから、科学的エビデンスを並べて自己の正当性を論証する、他者の主張の瑕疵を指摘し攻撃する、自身のバージョンを広く訴え多くの支持を動員する、等々。日常生活の現場ではもっと微妙な方法が繰り広げられるだろう。あなたは疲れから神経質になっているのでは、と気づかう、テレビで専門家が言っているのだから間違いない、と安心させようとする、ああいう人たちには困ったものだ、子どもに悪い影響を与える、などと間接的に攻撃する、直接支持を動員しなくても、皆もそう思っていると思う、などと言ってそう思っていない相手を孤立させる、等々。挙げればきりがないさまざまなミクロポリティクスが行使されうるだろう。

　不信を抱え声を上げられなくなる人々が晒されるのは、このようなポリティクスではないか。こうした実践を通じて、まさしくリアリティの分断は「解決」へと持ち込まれていく。ここで言う「解決」とは、ポルナーによれば、上に挙げたようなさまざまな実践により、ある特定のバージョンを支持する人（びと）が、自分（たち）の経験とは相容れないバージョンを押しのけて、自分（たち）のバージョンを「正当」として広めることに成功する、ということにほかならない。有り体に言って、力による「問題」の「解決」である。私たちは、このような経験のポリティクス、経験を皮肉るという操作を、実際そこここで目の当たりにしている。先に触れたように、「専門家」が「専門的見地」から「素人判断」を「正す」、というのはこの典型である。これに付け加えるならば、こうしたポリティクスは、人に対して属性をも付与する（Laing, 1967＝1973: 115)。証言集にもあった「神経質な母親」はその典型例であろう。不信をもつ人びとのシステムへの不信（suspicion）は、自分への疑い（doubt）、すなわち、おかしいのは私の方なのだろうか？という疑い、へと変えられようとしている。[9]

五、不信を抱く者の苦境

　システムをめぐって不信を抱く人と抱かない人との間に起きているのは、リアリティの分断に直面した人々による経験のポリティクスであると今や言えよう。双方は「同じ」システムとその呈示をめぐって異なる経験をしている。そして不信を抱く側は、経験のポリティクスに晒される。この分断の構図は、先に挙げた単純な例を少し改訂して描くと以下のようになるだろう。先の例では、分断は、第一に、私とAとの二者関係のものであり、第二に、私はAとの間で、自分かAの勘違い（doubt）か、Aが何らかの理由で嘘をついている可能性（偽装）を疑った（suspicion）。これに対して、システムに不信を抱く者とそうでない者との分断は、第一に、単なる二者関係ではなく、システムという第三者をめぐる二者の間で、第二に、第三者についての不信－suspicion をめぐって生じる。先の例に引きつけて言い換えれば、Aが本当のことを言っていない（偽装）可能性をめぐって、Aを疑う私に対して、Aを信頼し、むしろAを疑うのはおかしいと言うCが私に立ちはだかっている、という構図になる。Aは自らを信頼に値するものと主張する。その言葉（呈示）を、Cや恐らくその他大勢の人々は受け入れている。このようなCたちとの間のリアリティの分断に、Aに不信を抱く私は直面する。CらはAを疑っていない以上、彼／彼女らから見れば、むしろ問題なのはAを疑う方である。何か勘違いをしているのではないだろうか、Aはそこにいなかったと言っているのに、なぜAを見たなどというのだろうか、――「問題はない」とシステムの代表者が言っているのに、なぜあなたは不安がっているのか―と疑いの目はむしろ不信を抱く者の方に向けられるだろう。

事態を不信を抱く人々の側から整理すれば、彼／彼女らは、そもそも、自分たちの生活に関わりのあるシステムに不信を抱いているという点で心穏やかでいられない。川上未映子が書いたように「安全だと信じている人は、まあ安全だと思っているから心は平穏に近いわけで余裕もあるからいいとして、どんどん疲弊していくのは危険認識派の人々」である。その上で、彼／彼女らは周囲の、不信を共有しない人々との間でリアリティの分断に直面している。彼／彼女らはその不信を理解されない、共有されない、という苦境にある。このことは、相手がごく身近な家族や友人など日々関わり合いの深い他者たちであればあるだけ、より一層つらく感じられるだろう。私たちは経験に基づいて意志決定し行為する。生活や行動を共にしてきた人との間でその経験がわかりあえないとき、「共にする」さまざまこともスムーズに運ばなくなっていく。その上さらに、経験のポリティクスが発動する。「神経質な母親」、「感情的」等々、皮肉る操作によって、その不信や不安が何か不適切なもの、過剰なものとして「説明」される。こうした「説明」は彼／彼女たちの苦しみを揶揄し、一層深いものとするだろう。

他方、システムに不信を抱いていない人々にとっては、システムは、「馴れ親しみ」の世界に組みこまれている、つまり自明な世界の一部である。自明の世界とは、それについて改めて問うたり悩んだりしなくてよい世界である。先にも触れたが、システム信頼は個々の期待はずれにも抵抗力をつけている。あるいはもし一旦問い始め疑い始めたら安穏と自明性に埋没し続けることができない。それは苦しいことである。信頼がこのように達成されているとき、信頼の側にいる人びとにとって、不信を抱く人の声はこの安寧を脅かしかねない、いわば「異物」のようなものだろう。そうした人々にとっては、システムへの馴れ親しみの度合いが高く、すなわち信頼が主題化されないほど潜在化しているなら、不信の声は共感できないものであろうし、逆に、信頼が実は揺らぎかけているとすれば、それをますます揺るがしかねない声に対して、耳を傾けたくないという防御的な反応が高まるかもしれない。いずれにしても不信の声は斥けられてしまうのである。

かくして人々は、不信の声をあげられることに対して不寛容となるのではないか[10]。

「私は気にしていない」と言う人が偉いようになっている。気にするなら出て行けみたいな（DAYS JAPAN, 2014: 59）。

六、不信の社会的重要性

ではこのような不信に、私たちはいかに向き合いうるだろうか。

まず確認したいことは、不信とは排除すべきものではなく、社会にとってむしろ掬い上げるべき重要性を持つということである。ルーマンが言うように、信頼することが適切な場合もあれば、不信を抱くことが適切な場合もある（Luhman, 1978=1990: 159）。システムにとって信頼は重要であるが、信頼が「システムレベルでも頼りにしているのは、何といってもリスキーな傾向がコントロールされており、期待はずれの起こる比率がそう大きくない、ということ」であり、そうであれば、ルーマンは次の推測が成り立つと言う。すなわち、「より高度な複雑性をもったシステムは、より多くの信頼を必要としていると同時に、より多くの不信をも必要としている。それゆえ、例えばコントロールというかたちで不信を制度化しなければならない、と」（Luhman, 1978=1990: 166）。不信は、私たちには見通すことができず、また完璧ではありえない、現代の非常に高度なシステムをチェックしていくために重要である。もしも私たちの誰もがあらゆるシステムに対して馴れ親しみを以て信頼を寄せ一切不信を抱かないなら、私たちは「ここで起こっているのは何か」を知らないまま、あるいは知ろうともしないまま、一切をシステムに委ねて生活することになるだろう。このような「信頼」社会がユートピアであるはずはない。

これに対して、一口に不信と言っても、社会にとって重要なものもあればそうでないものもあるのではないか、という疑問もありうるかもしれない。例えば、バーバーは、『信頼の論理と限界』において、信頼は社会の秩序と秩序ある変化のために必須だが、効果的な社会的コントロールのためにはそれだけでは足りないとして、「合理的な不信」（rational distrust）の重要性を挙げている。[11] 一定程度の合理的不信は、参加民主主義において政治的なアカウンタビリティのために必要であると（Barber, 1983: 166）。ここで問いたいのは「合理的」という限定的な形容詞である。何らかの合理性の基準を設定し、それによって不信を合理的で有意義なものとそうでないものとに分けて対応すべきなのであろうか。本論の見解を先に述べれば、そうではない。バーバーは同じ箇所で、「不信は必ずしも常に、パラノイドや非合理的なものではなく、知識や経験、価値に基づくものかもしれない」と述べる（Barber, 1983: 167）。ここで私たちは、経験のポリティクスに関する議論をまさに思い起こす必要がある。もしある不信が「パラノイド」と呼ばれるとすれば、これこそ経験のポリティクスの産物である。[12] これ自体、不信を抱いていない側の観点から、自分たちに共感不可能な不信を不適切なものとして皮肉る操作なのである。つまり、私たちは一般に不信について、そのうちどれが社会にとって合理的で重要かそれとも不要か、を予め選別することはできない、あるいはそうすることはすでにポリティクスの行使である、と考えなければならない。

ここで言えるのは、いかなる不信も、諸制度の有効性、諸機関の活動に対するチェック機能、システムに携わる活動主体・責任主体に自己チェックを促していく機能をもつ可能性がある、ということである。それを生かしうるか否かは、まさに不信の受けとめ方次第なのである。私たちがすべきなのは、不信に対して、「解決」すべきリアリティの分断として臨むことではなく、無関心でいることでもない。近年、自分の経験とは異なる経験を皮肉る、経験のポリティクスがあからさまに行使されるのを私たちはしばしば目の当たりにしている。山崎望は現代社会における「ポスト真実」をめぐって、「自分と相手との違いを、相手の『間違い』にすり替えて多様な現実を切り捨て、自分の立場に居直る。社会の分断が深まってしまう」(山崎、二〇一七年)と批評する。システムを信頼する側にとってシステムへの不信の声は、自分たちが問わないでいることを問う声であり、自分たちの安寧にとって心地よい声ではないだろう。しかしその不信の声に耳を傾けず、それを向き合うに値しないものとして抑圧し否定する経験のポリティクスは、自分たちとは異なる経験をしている人々を否定し苦境に立たせ、分断を深めるだけでなく、システムそれ自体を外部に置き去り、システムが必要とするチェック機能と改善可能性の芽を摘むことにも繋がっている。不信を不信として受けとめ、システムに、つまりはよりよい生活に向けて反映させること、そのために、多様な人々の多様な経験、物事の感じ方に対して、開かれたコミュニケーション、関係をつくっていくこと、日常生活において、またより公共的な仕組みとしても、システムへの不信と丁寧に向き合い、システムのコントロール、点検へと繋いでいくさまざまな回路が必要である。信頼は、不信を斥けるのではなく、不信に向き合うことを通して実現していくものではないか。

注

（1）ルーマンは、社会は「システム信頼への転換という巨大な文明化の過程」（Luhman, 1973=1990: 110）にあるとして、人格的な信頼も「システム信頼の一変種となる」（Luhman, 1973=1990: 114）と述べる。

（2）なお、ゴフマンは偽装にもさまざまなものがあると指摘する。例えば、善意の偽装（benign fabrication）。偽装という言葉のニュアンスには少し合わないが、偽装する側に相手に害を与える意図はない。例えば、真相を明かせば相手に大きなショックを与える、そのショックから相手を保護すべく虚偽の説明をするなどがこれである。その逆が、偽装される側の利益に反する、利己的な偽装（exploitive fabrications）である。詐欺や企業の粉飾決算などはその典型であり、組織の隠蔽体質などと言われるものはこれにあたるであろう。しかしこの二種だけをとっても、両者は必ずしも相互に排他的なものではない。むしろ渾然一体となっている場合が多いのではなかろうか。例えば、人々を徒に混乱させないため、という利他的な配慮が同時に、偽装する側の利益にもなる、ということは多々あろう。いずれにせよ、たとえ純粋な善意に基づいていたとしても、偽装される側にとっては、「ここで起こっているのは何か」について操作されたリアリティへと誘導されていることに変わりはなく、それについて疑いを持つことになれば疑心暗鬼になるであろうことにも変わりはない。つまり偽装は、善意からならよい、利己的なものは悪い、といった単純な問題ではない。

（3）doubtという語の意味は、オックスフォード英英辞典によれば、a feeling of being uncertain about something or not believing something。suspicionは、the feeling that you cannot trust somebody/something（Oxford Advanced Learner's Dictionary）である。ゴフマンの用いるこれらの語には社会学として、あるいはゴフマンの翻訳語として定訳がない。以前それぞれ「懐疑」「猜疑」と訳したことがあるが（草柳、一九九一：一四七）、日本語の猜疑は、人を疑ったりねたんだりすること、人が自分に対してよくないことをたくらんでいるのではないかと疑うこと（講談社類語大辞典）とされ、ここでのsuspicionの訳語としては適当でない。

（4）このような不信－suspicionは、疑いを晴らそうとするシステムの側からの説得の働きかけによって解消することが難しい。というのも、システムによってもたらされる「ここで起こっているのは何か」についての経験それ自体について、偽装の下にあるのではないか疑うことがまさしくsuspicionだからである。たとえ不信を否定するような情報が提供されたとしても、不信を抱く者からすれば、それが偽装の一部でない保証はどこにもない。システム側から流される情報では不信はなかなか解消されない。要するに、説得によって不信を覆そうとする活動は信頼回復には繋がりにくい、ということである。だが、原発事故の後盛んに行われたのは、このような「説得」活動であった（影浦、二〇一一：一〇九－等）。

（5）「ひとつの世界」という前提をそもそも持っていなければ、両方とも正しい、ということも成り立つだろう。そこでは主張の食い違いもそもそも問題となりえない。それぞれの世界ではそうだった、ということに過ぎない。

（6）レイン（Laing, 1967）による概念である。

（7）例えば、食の世界では「同じ」システムに異なる態度をとる消費者が相互に無関心のままそれぞれの食生活を送っているケースが多々あるように思われる。速水健朗は、『フード左翼とフード右翼――食で分断される日本人』において、食生活に関心が高くより安全な食を求める人々とそうでない人々の分断状況を分析し言う。「心配する人はとことん不安に陥るだろうし、気にしない人はまったく気にしない。食の世界は、完全に迷信の時代に逆戻りしてしまったのだ」（速水、二〇一三：一三七―一三八）。ここで「迷信」と言われているのは、「食品の生産工程」の「ブラックボックス化」により、何が行われているのか、何が起こっているのか、よくわからない、にもかかわらず信じる、あるいは疑う、ということであり、まさにシステム信頼の問題である。ある人々は、農産物や加工食品の生産・製造流通システムに不信を持ち、品質に疑問のある食べ物をジャンクフードとして極力避け、別の人々はそれらを気にせず食べ続けている。そしてしばしば両者は相互に無関心である。人がどのような考えでどんなものを食べようと、それは当人の自由である、ということでもあるだろう。とはいえ、たとえそのような考えの持ち主でも、家族や親しい人の食についてはその限りではないだろう。『福島の母440人の証言集』(二〇一四年)には、「子どもの生活環境についての不安」として、学校給食に対する不安や不信が繰り返し語られている(五二—六一頁)。

(8) この概念はレイン(Laing, 1967)による。

(9) 丸山徳次は、原発事故後の「母子避難」をめぐる短歌作家たちの歌を取り上げ、「母子避難」について詠まれた歌や作家、母親の心配や不安、決断が「皮肉る」視線に晒され、詠まれている状況を浮かび上がらせており非常に興味深い(丸山、二〇一五年)。

(10) 付け加えるならば、経験のポリティクスとは逆方向にある無関心も、不信を抱く人々に対してまた別種の壁として立ちはだかることを忘れてはならないだろう。不信を抱く人々にとって必要なのは、不信のもととなっているシステムについて何かがなされることであり、それには多くの人々、システムに関係する人々の関心が不可欠である。経験のポリティクスによる分断の「解決」も、逆に無関心も、そそものシステムについては何も行わないことで、不信を抱く人々をつらさの中に置き続けてしまう。声をあげることに対する人々の不寛容や無関心については、草柳(二〇一五年)。

(11) バーバーは信頼の意味として以下の三つを挙げている(Barber, 1983: 9)。まず、一般的期待。すなわち、自然の秩序、道徳的な社会秩序が存続し実現していくであろうという期待。第二に、「技術的に有能な遂行(technically competent performance)」についての期待、そして第三に、「受託上の義務と責任(fiduciary obligation and responsibility)」についての期待である。その上で、ここで言われている合理的な不信とは、上記の二つ、すなわち「技術的に有能な遂行(technically competent performance)」および「受託上の義務と責任(fiduciary obligation and responsibility)」がなされないであろうということについての合理的に基礎づけられた期待を意味する。このような不信は、社会秩序の維持にとって信頼と機能的に等価である、と彼は言う(Barber, 1983: 166)。

(12) ラベリングやカテゴリー化という社会過程の産物と言える。草柳(二〇〇四年)も参照されたい。

引用指示文献

朝日新聞、二〇一二年六月七日「プロメテウスの罠」

Barber, B., 1983, *The Logic and Limits of Trust*, Rutgers University Press.

Beck, U., Giddens, A., and Lash, S., 1994, *Reflexive Modernization: Politics, Tradition and Aesthetics in Modern Social Order* 松尾精文・小幡正敏・叶堂隆三訳『再帰的近代化――近現代の社会秩序における政治、伝統、美的原理』而立書房、一九九七年.

DAYS JAPAN, 2014. 8., Vol. 11, No. 8『別冊特集　福島の母440人の証言集』.

Goffman, E., 1974, *Frame Analysis: An Essay on the Organization of Experience*, Northeastern University Press.

速水健朗、二〇一三年『フード左翼とフード右翼　食で分断される日本人』朝日新書.

影浦峡、二〇一一年『3・11後の放射能「安全」報道を読み解く　社会情報リテラシー実践講座』現代企画室.

川上未映子、二〇一二年『人生が用意するもの』新潮社.

ロバート・キサラ、永井美紀子、山田真茂留、二〇〇七年『信頼社会のゆくえ　価値観調査に見る日本人の自画像』ハーベスト社.

草柳千早、一九九一年「恋愛と社会組織――親密化の技法と経験」安川一編『ゴフマン世界の再構成――教材の技法と秩序』世界思想社.

――、二〇〇四年『「曖昧な生きづらさ」と社会　クレイム申し立ての社会学』世界思想社.

――、二〇一五年『日常の最前線としての身体――社会を変える相互作用』世界思想社.

Laing, R.D., 1967, *The Politics of Experience*, Penguin Books 笠原嘉・塚本嘉壽訳『経験の政治学』みすず書房、一九七三年.

Luhman, N., 1973『信頼　社会的な複雑性の縮減メカニズム』大庭健・正村俊之訳、勁草書房、一九九〇年.

丸山徳次「「母子避難」の悲劇性と持続可能社会への希求」『龍谷哲学論集』第二十九号、一一―一五.

Pollner, M., 1987, *Mundane Reason: Reality in Everyday and Sociological Discourse*, Cambridge University Press.

Simmel, G., 1890『社会分化論　宗教社会学』居安正訳、青木書店、一九九八年.

山崎望、二〇一七年、朝日新聞、二〇一七年三月二十四日、「文化・文芸「私の真実」居直る時代」.

第二章　信頼とライトノベル
――ギデンズのルーティン論を中心に

竹中　均

一、社会学者ギデンズの信頼論

社会学において信頼について論じる際によく援用される理論家は限られている。そのうちの一人が現代イギリスの社会学者アンソニー・ギデンズである。ギデンズはその時期によって論じる対象をかなり変えてきたが、とりわけモダニティ論において信頼の問題が取り上げられてきた。たとえば、その著書『近代とはいかなる時代か?』では、信頼についてかなりまとまった形で論じられている。

このように書くと、現代社会に特徴的な状況として、人びとの間での信頼の成り立ちにくさにギデンズが注目しているように見えるかもしれない。しかしながら、彼にとって信頼という問題は、現代社会における時事的問題という以前に、原理的な重要性を持っているように思われる。なぜならば、モダニティ論以前、ギデンズの一般理論と言うべきいわゆる「構造化理論」構築の際に、信頼の問題が詳しく論じられていたからである。

もちろん「構造化理論」が社会についての一般理論である限り、信頼という問題を扱っているのは当然と言えるかもしれない。しかし、「構造化理論」の体系化された集大成と評されるギデンズ著『社会の構成』において、信頼の問題は他の多くの概念に比べても格段に重要な位置を与えられている。なぜギデンズにとって、より限定して言えば、彼の「構造化理論」にとって、信頼の問題は中核的意義を与えられているのか。

以下では、この問題を、『社会の構成』の論理展開を追いながら、考えていきたい。

ギデンズは従来の社会理論を批判する。もちろん従来の理論は一枚岩ではなく、大まかに言って、二つの傾向を持つ。理解社会学的傾向と、機能主義・構造主義的傾向である。だが彼は前者を「主観の帝国主義」、後者を「客観の帝国主義」と批判する。そして代案として提起するのが「構造化理論」である。「社会科学の基本的な研究領域は、構造化理論にしたがうなら、個々の行為者の経験でもなければ、いかなる形式であれ社会的全体性の存在でもなく、空間と時間を越えて秩序づけられている社会的実践なのだ」(『社会の構成』二八頁)。

ギデンズの言う「実践」とは、個々の行為者の言説的・意識的な意図という極にも、社会構造の無意識的な制約という極にも還元できない、中間的な何かである。では、実践はどのようにして形作られ作動するのか。それを説明する際に彼が用いる一連のキーワードがある。

二、ルーティンと実践的意識への注目

慣習・ルーティン・反省的モニタリング・実践的意識・時間と空間などが、ギデンズ社会理論にとって重要なキーワードである。だが、従来の社会理論にとってこれらの概念は、あまり当てにならない曖昧な概念にすぎず、理論的に重視されることはなかったと彼は言う。

従来、慣習は、あまり本質的な行為とは思われてこなかった。確かに慣習は長く継続する。しかしながら、その継続性は、個人行為者の意志や意図によって確固として造り上げられたのではないし、逆に、個人を越えた社会構造からの命令や制約によって確固として維持されているわけでもない。

ギデンズによれば、慣習というものの継続性は、個人行為者の能力に固有な反省的モニタリングに支えられており、と同時に、個人行為者の反省的モニタリングは、慣習の継続性によって支えられているのである

（『社会の構成』二八—二九頁）。いわば、反省的モニタリングのおかげで、慣習は「再帰的」に「秩序化」され、継続が可能になる。と同時に、慣習の継続性のおかげで、（時間と空間を構成要素として含む）慣習は、時間と空間という限界を越えた「同一性」を獲得することが出来、個人の「反省性」が可能となり、結果的に「反省的モニタリング」も可能になるのである。

慣習と同様にルーティンは、繰り返しに過ぎないために、何ら本質的なものをもたらすはずはないと、従来は思われてきた。本質は、繰り返し回数の多寡など超越したものであるべきだというわけである。しかしながら、ギデンズのルーティン概念は、本質というものは時空を越えているべきだという暗黙の前提を覆すラディカルさをはらんでいる。

ギデンズの造語である「実践的意識」とは、言説的意識とも無意識とも異なる。言説的意識は、「主観の帝国主義」的な社会理論において主役であり、無意識は「客観の帝国主義」的な社会理論において主役であった。そして、そのどちらでもない、曖昧で残余的な扱いしかされてこなかった意識が、「実践的意識」である。それは、「行為者が社会的条件、とりわけ自らの行為の条件について知っている（信念として抱いている）が、言説によって表現することができないこと」である（『社会の構成』四一七頁）。ところがギデンズは、知ると知らないとの中間に位置する曖昧な「実践的意識」こそが新たな社会理論の主役だと主張する。

普遍性を目指す社会理論にとっては、時間と空間の具体性もまた排除すべき雑音的要素だった。にもかかわらず「現実の行為者は「いま・ここ」という時空のなかに位置づけられた有限な存在である。そのため行為者は、自分の行為の条件を知りつくすことはできず、必ず一定の「知られざる条件」のもとに行為する」。社会理論は、時間や空間の制約を越えて普遍的な説明を与えるべきだ。だが、時間や空間という有限のコンテクストのせいで「行為者は、自分の行為の条件を知りつくすことはでき」ない。したがって必然的に、「行為は当初の意図や目的からつねに一定のズレを生みだしてしまう（小幡正敏「解説　再帰性と近代」、ギデンズ『近代とはいかなる時代か？――モダニティの帰結』二四六頁）。つまり、普遍性を完備した行為理論は原理的に不可能なのである。

三、普遍的ではない本質

ギデンズが重用する「反省的モニタリング」という概念も、一見すると精密なメカニズムのように思えるが、実は普遍性とはほど遠い。そもそも「反省的モニタリング」はどのような必要から生まれた概念だろうか。小幡正敏の解説によれば、「ギデンズは、行為がもともと個別の単位であるとしたり、それをただ意図や理由から説明したりするやり方に反対する。行為は絶えざる生の流れであり、それを折りにふれて反省したり振り返るときに、切れ切れの単位として見えてくるにすぎない。むしろ、その反省や振り返りこそが人間の行為の本質をなす」と考えた（小幡正敏「解説　再帰性と近代」二四五頁）。

つまり、行為を切れ切れの単位という本質から出来上がっていると考えがちな従来の社会理論は、逆立ちしている。本当は、行為を切れ切れの単位に見えさせる「反省的モニタリング」こそが行為の本質なのである。本質は普遍的なものであると考えがちだが、行為の本質はそのようなものではない。

行為の本質としての「反省や振り返り」は、「差異をつくりだす」ことであり、「われわれの行為に根本的な不確定性＝偶有性をもたらす」。「カリフラワーや芽キャベツもあるのにブロッコリーを買う、何も買わなくてもよいのにブロッコリーを買う、という具合に、われわれの行為は必ず複数の選択肢からの選択となる。すべての行為は「別の仕方でも行為しえたかもしれない」という不確定性＝偶有性を刻印されるのである。行為のこうしたあり方を、まとめて「再帰性」と呼ぶことができる。」（小幡正敏「解説　再帰性と近代」二四五、二四六頁）

行為の本質としての再帰性が「不確定性＝偶有性」であるとは皮肉な話であるが、それが行為なのである。従来の社会理論はこの点を見逃し、あるいは回避して、本質が確定的で普遍的なものであるかのように思い込んできた。ギデンズは、本質に関する従来の考え方のように普遍性を追求する立場を捨てる。その代わりに、ルーティンのような、普遍性や本質とは縁遠い日常用語を「構造化理論」の重要概念として導入する。

このようにして、「社会理論にとってもっとも重要なタイプの規則」とは何かについて、従来の社会理論とギデンズの構造化理論では答えが異なってくる（『社会の構成』四九頁）。従来の理論では、「成文化された、言い換えれば、言説によって明瞭に定式化された規則がもっとも重要である。法律がその代表例である。

だがギデンズによれば、「定式化された規則―法典や官僚制の規則、ゲームの規則などをはじめとする言語表現を付与された規則―は規則の成文化された解釈であって、規則それ自体ではない」。「私としては、日常生活で遵守される数多くの些末に見える手順の方が、社会行動全般に対して大きな影響を及ぼしている、と提起したい」と言う。つまり、言説的意識でも無意識でもなく、実践的意識に関わる規則こそが、構造化理論にとって中心テーマである。「社会的慣習の生産や再生産に関係している規則のほとんどは、行為者がただ暗黙的にしか把握できないものである」（『社会の構成』四九、五〇頁）。行為者の明確な意図でもなく、意図を越えた構造でもない実践性への眼差しは、「主観の帝国主義」や「客観の帝国主義」からは生まれてこない。

この中心テーマに深く関わるのが、ガーフィンケルの「信頼実験」である（『社会の構成』五〇頁）。ギデンズの言う「信頼実験」とは、いわゆる「違背実験」のことである。実験者が、何も知らない被験者の前で、通常の慣習に違背するふるまいをする（例えば、鼻がくっつくほど顔を近づけて話す）。それに対して被験者がどう対応するかを観察するのである。ギデンズによれば、「ガーフィンケルの実験はひじょうに強固に維持されている慣習に違反する。そのため、この違背に接した人びとの反応は劇的で直接的なものであった」（ギデンズ『モダニティと自己アイデンティティ』四〇頁）。

四、「違背実験」からみえてくるもの

では、「違背実験」は「日常生活」のどんな性質を見出したのか。「ガーフィンケルは、こうした性質をもつ日常生活のふるまいを「見えてはいるが、しかし気づかれない（seen but unnoticed）」特徴をもつものとして表現している」。「しかし気をつけなければならないことは、これらのふるまいは「無意識」とは違うという点である。「無意識」とはそもそも当人たちがその存在について認識すらしていない状態にあるといえるが、日常生活のふるまいとは決してそういうものではなく、いうなれば「そこに存在していることは当人たちにも理解されているが、そのことについていちいち確認をとったりしない」状態として理解されるべきものである」（佐々木啓「第一章三節　人びとの「方法」を見る：H・ガーフィンケルとエスノメソドロジー」、宇都宮京子・小川祐喜子編著『社会がみえる社会学――時代と共に生きる社会学理論』北樹出版、二〇一五年、三九頁）。「違背実験」は、日常生活のこのような「「見えてはいるが、しかし気づかれない」特徴をあぶり出そうとする。信頼を問うことにより、「さまざまなありふれた日常の慣習」において、言説的水準とは異なり、「定式化されることなく適用されているサンクションの強度」を見出したのである（『社会の構成』五〇頁）。

ギデンズは、「違背実験」が「存在論的安心の維持」と深く関わっていると考える。彼は、「違背実験」が被験者に引き起こす「劇的で直接的」な反応について、「ガーフィンケルが「実験者」に行うよう指示した常軌を逸した応答や行動が言説の理解可能性を蝕むことによって、「被験者」の存在論的安心をかき乱したからであろう」と考える（『社会の構成』五〇、五一頁）。つまり「違背実験」は、言説的意識ではなく実践的意識（「定式化されることなく適用されているサンクションの強度」）に働きかける実験であり、そのことが「「被験者」の存在論的安心」をかき乱し、信頼を揺るがしたのである。信頼は言説的意識よりも実践的意識

に関わっている。

五、存在論的安心の形成

「存在論的安心」とは「自然的世界ならびに社会的世界が現れのままであることへの確信あるいは信頼」であり（『社会の構成』四一八頁）、「個人の直接の知覚環境にないものをも含む出来事に対する連続性や秩序の感覚」である（『モダニティと自己アイデンティティ』二七九頁）。つまり、何かが今現在は目の前にないとしても、存在し続けることへの信頼の基礎となるのが、「存在論的安心」である。

では、「存在論的安心」はどのようにして生みだされるのか。ギデンズはこの問題を論じる際に、精神分析家エリクソンを（全面的にではなく選択的に）援用する。なぜエリクソンなのか。その背景にあるのは、ラカン精神分析に対するギデンズの批判的姿勢である。「現在ある方面で隆盛を極めている構造主義的な精神分析、とりわけラカン」の理論は、ギデンズから見れば、「客観主義的な視座」に立っており、「行為の反省的モニタリングを人間活動の表面にうかぶ泡沫としてのみ扱い、その本当の起源はどこか別のところに存在している」とみなしている（『社会の構成』七九、八〇頁）。つまり、実践的意識を軽視し、無意識に「本当の起源」を求めてしまう立場なのである。

ラカンは、同じ精神分析の内でも「自我心理学」を厳しく批判し、成功を収めた。その結果、「自我心理学」の立場に立ったエリクソンやサリヴァンたちは「今では日陰へと追いやられている」。そこで、ラカンに批判的なギデンズはエリクソンたちに目を向ける。なぜなら、彼らはフロイト精神分析を継承しつつも、「同時に社会科学の貢献を採用してきた傑出した著作家」だからである（『社会の構成』八〇、八一頁）。

エリクソンたちを援用するギデンズによれば、「存在論的安心」は、人生初期における「予見可能なルーティン」の成立によって生みだされる。とりわけ、「親に相当する人物が養育のための予見可能なルーティンを確立するかどうか」が鍵となる。自分にとっての重要な他者（例えば親）が一旦視界から消えても、再び戻ってくるはずだ。これがもっとも基本的な「ルーティンの予見可能性」である（『社会の構成』七九、八二頁）。ルーティンの外側に特別な根拠を持たないこの予見が信頼の出発点となる。

予見可能なルーティンのなかに身体制御の自律性を表現する存在論的安心が存在するのだ、と。存在論的安心の心理学的起源は（エリクソンによって提起され、私が以下で論じていく予定にしている）不安を制御する基本的メカニズムのなかに見いだすことができ、パーソナリティの構成要素として階層的に秩序づけられている。他者への信頼という感情は基本的安心システムのもっとも深層に位置する要素であるが、この感情が生みだされるかどうかは、実質上、親に相当する人物が養育のための予見可能なルーティンを確立するかどうかによって決まる。……より根本的には、ルーティンの予見可能性それ自体……が存在論的安心を守っている（『社会の構成』七九頁）。

六、時間と空間のコンテクスト

このようにギデンズはエリクソンを援用するが、意外なことに彼はエリクソンの有名な「自我アイデンティティ」概念を評価しない。彼が評価するのはあくまでルーティンをめぐる考察である（『社会の構成』八九頁）。ルーティンをめぐるギデンズの議論はさらに展開し、ベッテルハイムによる「極限状況」すなわちルーティンが徹底的に破壊された強制収容所での状況についての考察へ、さらにはゴフマンによる「出会いとルーティン」の考察へと繋がっていく（『社会の構成』九〇、九七頁）。

ベッテルハイムが論じる「極限状況」とは対照的に、ゴフマンが論じる「日常的な社会生活」には「存在論的安心が含まれている」が、その「存在論的安心の基礎には、予見可能なルーティンと出会いに含まれる身体制御の自律性がある」（『社会の構成』九三頁）。身体は、具体的な時間と空間というコンテクストの中に存在するが、そのあり方について議論する際、ギデンズはメルロ＝ポンティを援用する（『社会の構成』九四頁）。

メルロ＝ポンティによれば、身体とその運動の経験において重要なのは「位置の空間性」ではなく「状況の空間性」である（『社会の構成』九四頁）。つまり身体は、数学的な空間座標という背景の上で明確に位置づけられる存在ではなく、活動的に「ある行いへと方向づけられ」、状況づけられている（『社会の構成』九四頁）。結論としてギデンズは「行為の理論は、身体活動が日常的な行動の流れのなかでもつ時間―空間のコンテクスト性によって規定されるべきなのだ」と言う（『社会の構成』九五頁）。

ところが「社会分析を試みる研究者のほとんどは時間と空間を行為のたんなる環境として扱って」きたに過ぎないとギデンズは批判する。彼の構造化理論は、この限界を乗り越えようとする。「時間や空間のなかに相互行為が「状況づけられていること」に対して、抽象的に哲学的な方法ではなく具体的な方法で、社会理論がどのように立ち向かっていくべきなのか」。これが社会学独自の課題である。ギデンズはこの目的のために「ヘーゲルストランドによって定式化された時間地理学」が先行研究として活用出来ると考え、「第三章　時間、空間、範域化」において、時間地理学を参照しながら議論を展開していく（『社会の構成』一四三頁）。

このように、「存在論的安心」ひいては信頼を生みだすのは「ルーティンの予見可能性」である。だがルーティンは、時間や空間という具体的で有限な構成要素から出来上がっており、（従来の見方では）およそ本質らしくない。その点で、信頼はそもそも本質らしい本質を持たない、言い換えれば、時空を越えた普遍的な何かではないということになる。

こう見てくると、従来の社会理論が信頼という概念をうまく扱えなかったのは、理論の普遍性指向とそりが合わなかったためだと思われてくる。ギデンズの信頼論は、ルーティンという平凡な（普遍的ではない）概念と、具体的な時間―空間のコンテクストを導入することで、この問題に挑戦したと言える。

七、「ぼっち」のロジカルシンキング
――あるライトノベルの事例

以下では、現代日本の若者向けのキャラクター小説を素材にして、信頼というテーマがどう扱われているかについて見ていきたい。最近のライトノベルのうちで人気が高い作品に、『やはり俺の青春ラブコメは間違っている』がある。この作品の男性主人公・比企谷八幡のキャラクターは従来の主人公とはかなり異なる。作者自らインタビューで「八幡が人気キャラになるのはちょっと複雑ですね」と発言している（『このライトノベルがすごい！２０１５』四〇頁）。

千葉県の高校二年生の比企谷八幡は自ら誰かと関わりになることはしない。いじめられているわけではないが、彼は青春や友情のありきたりなイメージに対して懐疑的であり、充実した学園生活を目指す「リア充」同級生たちを冷ややかに見ている。自らの孤立した「ぼっち」生活を肯定しており、その意味では順調に学生生活を送っていた。

ところが、ある教師に命じられて八幡は「奉仕部」という部活に参加させられる。その活動内容は、他の生徒の悩み相談を受けて解決へ向けてアドバイスすることである。彼は他の部員たちと共に、生徒の様々な悩みを解決する。この種の部活物は従来もあったが、本作の特徴は主人公の独特の思考法にある。つまり、他者に対する信頼ではなく、不信を前提にした上で問題解決を目指すのである。

ちなみに女性主人公は二人いて、部長の雪ノ下雪乃と、後から部員となった由比ヶ浜結衣である。雪乃は八幡と同様に「ぼっち」思考を持つ孤高の存在であるが、八幡とはその方向が違う。他方、結衣は社交的で普通の生徒である。

八幡の問題解決法について作者は「八幡の状況を考えると「素直に人に頼れば？」って思うんですけど、そういうことをしてこなかった男なので……持っている手札から最善のものを組み合わせると、それぞれの巻の解決方法になってしまうのかな、と思います。」

と語っている。さらに作者は次のように言う。「彼は機械的にこの選択肢はない、この選択肢もない、って色々排除した結果、残ったものを理性的に処理している感じですかね。八幡の考え方って彼なりのロジカルシンキングなのですが、その組み立ての中で他者や自身の心情がカットされているんです。」『このライトノベルがすごい！ 2015』四〇、四二頁）。このように八幡は、従来の主人公たちとは違って、他者を容易に信頼しない。このような主人公が読者の人気を勝ち得たのは印象的である。

八幡は学級内の安直な友情の輪から距離を取り、そのあり方を否定する。ただし、それだけならば、従来の主人公たちと変わりはない。彼の特徴は、ロジカルシンキングの果てに他者への信頼に対して自覚的な懐疑を抱いている（少なくともそう語る）点にある。以下、信頼という視点から見て、八幡の基本的な考え方が窺える箇所（独白や発言）を引用してみよう。

八、信頼に対する二つの態度

結衣へのプレゼントを選ぶために雪乃と八幡は、男性単独入店お断りの店に入るため、カップルのふりをする。だが、カップルのふりをすることについて八幡は次のように独語する。

> 雪ノ下が俺のクズさに全幅の信頼を寄せるように、俺もまたこいつとどうこうならないことに関してだけは絶対の自信を持っている。これはこれで信頼と呼べるのかもしれない。……
>
> お互いに期待しない、期待されないというのは結構楽でいい関係なんじゃないかと俺は思う。（渡航『やはり俺の青春ラブコメは間違っている③』一一九、一二〇頁）

相手に期待しないという点で、二人は相互に信頼しあっているというわけである。このような信頼は必ずしも期待や希望を生みだす必要がない。

八幡は他の生徒たちから「誰かに頼るのも大事なことだよ」と諭される場面があるが、内心では彼は次のように反発する。

> みんなでやることが素晴らしくて、みんなでやることがいいことで、じゃあ、一人でやることは悪いことなのか？／どうして、今まで一人でも頑張ってきていた人間が否定されなきゃいけないんだ。（『やはり俺の青春ラブコメは間違っている⑥』一五四頁）

このような考えをもつ八幡は、雪乃とともに文化祭実行委員を押し付けられるが、他の委員たちは活動を怠けようとする。危機的状況に対して二人は、誰かに助けを求めず自分たちだけで活動をこなしていこうとする。

> 俺たちは、少なくとも俺には、人を信じて任せるということができない。……
> あのときあいつがこうしていれば、そのときそいつがちゃんとやっていれば、そう思って生きて行くのはとても重苦しくて辛くてやるせない。（『やはり俺の青春ラブコメは間違っている⑥』一五一頁）

ここで、「俺たちは、少なくとも俺には」という留保表現が用いられている。八幡と雪乃の信頼に対する態度が似ていながらも実は違うことが推測される。まず八幡から見ていこう。彼は単に他者を信頼出来ないというよりも、信頼というものが本来、裏切られる可能性があることを十分に知った上で、解決の可能性を論理的に追求する。作品中では、妹・小町との良好な関係が繰り返し描かれるが、そこからも窺えるように、八幡は家族との関係によって存在論的安心をしっかりと確立済みである。その安心の上で彼は、不信の可能性から目を反らすことなしに、敢えて「本物」の信頼を探そうと模索する。だが、彼のいる学校社会自体が「本物」の信頼を求めていないために、彼は結果的に「ぼっち」となっているに過ぎない。学校社会が「本物」の信頼を求めていないことの表れが、「みんな仲良く」というルールである。

八幡から見れば「リア充」の級友たちは、自分が裏切られるかもしれないという可能性の存在から目を背けている。そのような裏切りのリスクがないかのように自らを欺いている状態が「青春」「友情」と呼ばれ称賛されていることが彼を苛立たせる。彼はそのような立場は「本物」ではないと考え、リスクを回避せずに引き受けようとするのだが、それが学校社会では「ぼっち」の道を選ぶことにつながっている。

それに対して雪乃は、八幡とは異なる経路で「ぼっち」思考に至った過去が作品中で示唆されている。八幡が語る「ぼっち」話のほとんどが学校を舞台とするのに対して、雪乃の場合、家族関係を通じて存在論的安心を確立することに困難があった。その中で存在論的安心を辛うじて守るために彼女は孤高の道を選ばざるを得なかった。

次のようなエピソードがある。林間学校で「ぼっち」の小学生・留美が八幡たちに不満をぶちまける場面である。留美が同級生と仲良く出来ないことを彼女の母親が気にして、友達との関係をしつこく聞いたり、「写真をたくさん撮ってきなさい」と言って留美にデジカメを無理矢理持たせた。そのことで留美は母親を批判する。それに対して結衣は「いいお母さんだね。留美ちゃんのこと心配してくれてるんだし」と言うと、雪乃は「そうかしら……。支配して、管理下に置く、所有欲の象徴なのではなくて?」と冷たく反論する。その言葉に結衣は愕然とし、普段は皮肉屋の八幡も「母親ってのは余計なことすんのが仕事みてぇなとこあるからな。……愛情がなかったら管理したりしねぇよ」と珍しくフォローに回っている（『やはり俺の青春ラブコメは間違っている④』二一四頁）。

本作中で、雪乃の家族関係の不安定さを端的に表しているのは、雪乃の姉・陽乃の存在である。陽乃は、妹について辛辣な発言を繰り返す。「そう、あれは信頼とかじゃないの。……もっとひどい何か」（『やはり俺の青春ラブコメは間違っている⑩』三四〇頁）。陽乃は、雪乃が他者とまっとうな信頼関係を結べないと揶揄する。雪乃の他者に対する冷たさは、姉との葛藤が背景にあることを窺わせる。このように、雪乃は「ぼっち」であるだけでなく、存在論的安心が確保されていないキャラクターである。だが、それにもかかわらず、キャラクター人気ランキングでは、社交的でお人好しの結衣よりも常に上位にあったのは示唆的である。

九、ルーティンとしての出身地

本作でもう一つ気が付くのは、主人公たちが住む千葉県に関するローカル情報が作品全体にちりばめられているという点である。概してライトノベルは地元を重視する。主な登場人物や読者層が高校生であることを考えれば、それは不思議ではない。高校生の生活は基本的に出身県の範囲内で展開されるのだから。だがそれにしても、同級生たちの青春自明視を批判する八幡が、出身地・千葉への馴染みや愛着を当然のこととして語るのは意外な気もする。

もしかすると、出身地への愛着は、彼にとって存在論的安心の支えとなっているのかもしれない。つまり千葉は、心身ともに居場所としてうまく機能しているように見える。安易な信頼を拒絶し、裏切りの可能性と不信の存在を前提として「本物」の信頼を求めようとする八幡にとって、出身地は、裏切られることのない安心の基盤のように見える。このことは、ギデンズの構造化理論における時間・空間のコンテクストの重視という視点から考察出来るように思われる。

本作中の重要な局面で登場する場所の一つが「デスティニーランド」である。これはもちろん「東京ディズニーランド」のもじりであるが、千葉ならではの場所である。だが他方、それは移植されたアメリカ大衆文化の場所であり、千葉であって千葉ではない。八幡の場合は「デスティニーランド」に対して思い入れはないが、雪乃は年間パスを持つリピーターで、あるキャラクターを偏愛している。千葉という具体的な空間の中で、架空の場所の架空のキャラクターが、雪乃の存在論的安心を支えているのである。そのこと自体、雪乃の立場の危うさを示唆していると言えよう。

八幡は、「本物」の信頼を求める批判的思考をする一方で、自らの出身地をめぐるルーティン（と実践的意識）を無条件に受け入れる。彼のこのアンバランスな態度の背後に、ギデンズの信頼論と通底する問題圏を読みとることが出来るのではないだろうか。

参考文献一覧

小幡正敏「解説　再帰性と近代」、アンソニー・ギデンズ著、松尾精文・小幡正敏訳『近代とはいかなる時代か？――モダニティの帰結』而立書房、一九九三年所収

アンソニー・ギデンズ著、秋吉美都・安藤太郎・筒井淳也訳『モダニティと自己アイデンティティ――後期近代における自己と社会』ハーベスト社、二〇〇五年

アンソニー・ギデンズ著、門田健一訳『社会の構成』勁草書房、二〇一五年

『このライトノベルがすごい！』編集部『このライトノベルがすごい！２０１５』宝島社、二〇一四年

佐々木啓「第一章三節　人びとの「方法」を見る：Ｈ・ガーフィンケルとエスノメソドロジー」、宇都宮京子・小川祐喜子編著『社会がみえる社会学――時代と共に生きる社会学理論』北樹出版、二〇一五年所収

渡航『やはり俺の青春ラブコメは間違っている。③』小学館、二〇一一年

渡航『やはり俺の青春ラブコメは間違っている。④』小学館、二〇一二年

渡航『やはり俺の青春ラブコメは間違っている。⑥』小学館、二〇一二年

渡航『やはり俺の青春ラブコメは間違っている。⑩』小学館、二〇一四年

第三章　システム信頼のゆくえ

山田　真茂留

最初の行為はいつでも契約的である。だが、それにひきつづく行為は、ときにはすぐあとの行為でさえも、多かれ少なかれ契約という枠をこえる。／契約はそれ自体では自足的でない。社会から生ずる契約の規制力があってはじめて可能である。（Durkheim, 1893=訳 1971: 209, 210）

一、人間への信頼とシステムへの信頼

(1)　信頼への飛躍

クレジットカードを用いてお店で買い物をしているところを思い浮かべてみよう。カードを読取機に通す動作を店員が行う場合でも、自分で行う場合でも、こちらも先方も互いにこれが正当な取引であり、商品がすぐに手渡され、しかるべき期日に指定口座から代金が引き落とされるものと了解している。そこにはもちろん、店員が顧客のカード情報を盗んで悪事を働く可能性が、ごくわずかながら存在している。しかし、実際の買い物の場面では、そうしたリスクについてはほとんど思いを馳せずにカードを渡すというのが通常だろう。店員の側も、こちらが偽造カードを用いて詐欺に及ぶなどとは滅多に思わない。

ただしこのカードの手渡しにおける一般的な信頼感や安心感も、状況や相手によってある程度のゆらぎを見せる。例えば外国でのショッピングにおいて自分のカードが海外発行のもののため使用できないと知らされたとき。あるいは、怪しげな風情に見える店員がカードを持って店の奥へと行ってしまったとき。そうした際、人はかなりの不安を覚えるにちがいない。その反対に、近所のお店で馴染みの店員にカードを渡す場

合であれば、そのやり取りは何の警戒感も伴わないきわめてスムーズな流れとなろう。

　個々の買い物の場面ではこうした若干の変異があるわけだが、それでも一般的に人々はカードでの決済をさしたる緊張感もなく、ごく自然に行っている。それはもちろん、彼らがクレジットカードを用いた取引システムを――詐欺が行われた際の保険の効き方なども含め――全体的に信頼しているからにほかならない。個々の授受関係においては常に裏切りの可能性が伏在している。とある時点でどれほど利害が一致し、いかに堅い約束を交わそうとも、相手方がそれを守るかどうか絶対に確実とまでは言えない。相互の不信ばかりが目立つ闇の組織同士が麻薬と現金とを交換する際、それぞれ相手の持ち物を先に渡すよう迫るのは、映画などでよく見られるシーンだが、それは、相互の利益に基づいた契約がただそれだけでは後の相互行為を安定化させるのに不十分だということを如実に物語っている。[1] デュルケム（Durkheim, 1893=訳 1971: 206）が「契約においては必ずしもあらゆるものが契約的ではない」と述べ、「いつでも契約はある規制に従うものである」と説くのはそういうわけだ。個々のやり取りを超えた取引システム全体の安定的な運用、ならびにそれへの全般的な信頼が欠けていれば、諸々の個別的な契約は実質的な効力を発揮することができないのである。

　人は、親友と語らうのと同様の自然さで買い物を行い、まだ品物が手渡されない段階で、先にクレジットカードを提示してしまう。そこにおいて買い手は目の前の売り手のことを信用している。そして、カードを適切に処理した後で商品を渡してくるのが店員の普通の振る舞いだと信じて疑わない。またそれ以前に、そうした取引システムが社会全体にわたりスムーズに運用されているものと信頼を寄せている。単に利害が一致したという状態に留まるかぎり、こうした各種の信頼への飛躍は到底起こり得ないだろう。たしかに個々の買い物は散発的な相互行為の一つに過ぎない。しかしその奥底にはさまざまな社会的信頼が横たわっており、それが相互行為を安定的なものにしているという事実を見過ごすわけにはいくまい。

(2)　二種類の信頼

社会的信頼にはさまざまな水準のものがある。順不同で例を挙げていけば、単なる顔見知りへの信頼、親友への信頼、近所で仲よくしている人への信頼、近隣全体への信頼、人間一般への信頼、学校への信頼、警察への信頼、経済システム全般への信頼、等々。こういった諸々の信頼はときに相乗効果を発揮し、また場合によっては互いに反発し合ったりなど、複雑な関係のもとにあるものと考えられる。表1で「世界価値観調査」のデータをひもとき、「人への信頼」「隣人への信頼」「警察への信頼」「最近の治安」に関する日本人・韓国人・アメリカ人・ドイツ人の意識を概観してみよう。ここで気がつくのは、一般に隣人への信頼よりも人への信頼の方が低くなるということ、日本では他の三か国に比して隣人への信頼がかなり低いということ、日本とドイツでは警察への信頼が隣人への信頼を上回っているが、韓国とアメリカでは逆だということ、韓国では治安のよさを認識する意識が他の三か国よりも弱めだということ、ドイツでは各種の信頼感が総じて高めに出ているということ、などである。

通常、治安のよさを感得し、警察を信用し、隣人への信頼も厚い人の場合、人間一般への信頼度も自ずと高くなるのではないか、という考えが容易に浮かんでくる。けれども、より広い社会に高い信頼を寄せられないがゆえに、近隣社会のみを信じるといったケースも大いにあり得よう。このあたりのメカニズムは、表

表1　各種の信頼

	日　本	韓　国	アメリカ	ドイツ
人への信頼	35.9	26.5	34.8	44.6
隣人への信頼	56.1	72.2	72.0	73.5
警察への信頼	68.2	58.3	68.3	81.7
最近の治安	83.5	63.8	82.5	94.3

註：それぞれ4つの回答選択肢のうち、ポジティヴな方2つを合計した比率。調査年＝日本：2010年、韓国：2010年、アメリカ：2011年、ドイツ：2013年。

出典：第6次世界価値観調査
http://www.worldvaluessurvey.org/wvs.jsp

1の様子だけで判断できるものではもちろんない。さまざまなレヴェルでの信頼の間の相関関係や因果関係の解明に関しては、今後の計量系の分析の発展に大きな期待がかけられるところである。(2)

しかし、そうした研究のさらなる進展を待つまでもなく、人格的な人間信頼と非人格的なシステム信頼の二分法についてであれば、これまでの社会学的研究において既に相当の議論が蓄積されてきた。テンニース(Tönnies, 1887=訳1957)によるゲマインシャフトとゲゼルシャフトの二類型に倣って言えば、信頼には、家族・近隣・仲間といった基礎的な関係や集団としてのゲマインシャフトにおいて顕在化しやすいタイプのものと、学校・役所・会社といった機能的な関係や集団としてのゲゼルシャフトにおいて顕在化しやすいタイプのものとがあり、この分け方が多くの社会学的な信頼研究の根底を貫くものとなっている。ルーマン(Luhmann, 1973=訳1990)による〝人格的信頼とシステム信頼〟、ギデンズ(Giddens, 1990=訳1993)による〝人間への信頼とシステムへの信頼〟、山岸(一九九八年)による〝安心と信頼〟、数土(二〇一三年)による〝タイプⅠの信頼とタイプⅡの信頼〟等々。これらの間には微妙な違いが散見されはするものの、概略的に見ればいずれもゲマインシャフト的な人間信頼とゲゼルシャフト的なシステム信頼とを対比させる議論になっていると言ってまず間違いない。

(3) システム信頼の意味——近代主義的な信頼論の射程

ここでは代表的な信頼論としてルーマンのものとギデンズのものを取り上げ、両者がともに重要な概念として論じているシステム信頼の意味について検討してみよう。ルーマンによれば、信頼はまずは慣れ親しみを基盤とした人格的信頼として立ち現れるが、社会システムが複雑化するにつれて拡張を遂げ、システム信頼へと変容する。ここで重要なのは、貨幣・真理・権力といった一般的なコミュニケーション・メディアへの信頼である。この抽象的なシステムへの信頼によって、近代社会の複雑性は有意に縮減されることとなった。人格的な信頼は学習がしにくく、コントロールがしやすいが、システム信頼の場合はその反対に学習がしやすく、コントロールがしにくくなっている。個人対個人が人格的に対峙する場合、その信頼のありようは個別的なものに留まり、一般的な応用が利かないが、その分、関与している当人たち同士で随意に調整が可能となる。これに対して、例えば貨幣経済システムへの信頼であれば、その世界での適切な振る舞い方を身につけるのは容易だが、その反面、当のシステム自体を個々人が見通すのは非常に難しいというのが実状だ。システム信頼に関するコントロールは専門家の手に委ねるしかないのである（以上、Luhmann, 1973=訳 1990：とくに 37, 103, 107–9）。

そしてギデンズもルーマンと同様、システム信頼の働きを強調する議論を展開した。ギデンズにおいて信頼とは、一連の結果や出来事に関して人やシステムを頼りにすることができるという確信のことだ。これは大きく人間への信頼とシステムへの信頼の二つに分けられる。前者はよく見知った人々同士の信頼であり、顔の見えるコミットメントを基盤としている。これに対して後者は抽象的なシステム、すなわち貨幣のような象徴的通標ならびに専門家システムに対する信頼のことで、これは顔の見えないコミットメントの形をとっている。近代社会の諸制度は、このうち抽象的なシステム信頼のメカニズムと密接に関連したものにほかならない（以上、Giddens, 1990=訳 1993：とくに 50, 102–112）。

このルーマン流・ギデンズ流の論調を、本稿では近代主義的な信頼論と呼んでおこう。近代主義的な信頼論は、近代化の趨勢をゲマインシャフト的な人間信頼からゲゼルシャフト的なシステム信頼への流れとして押さえ、多くの場合、システム信頼の効率性ならびに倫理性を強調する。個人間の人格的な信頼の場合、その範囲は自ずと狭いものに限られ、そしてその限定された場において身びいきが横行することにもなりかねない。これに対して非人格的なシステム信頼においては、一般的・普遍的なルール感覚が浸透するため、効力の及ぶ範囲が特定の時空を超えて拡がり、そして個人の恣意が効きにくくなる。巨大化し、また複雑化した近代社会の作動をスムーズにしているのは、まさにこのシステム信頼があればこそということになろう。

ルーマンやギデンズに限らずその後の信頼論も多くの場合、近代主義的な様相を強く呈する。これは非常に簡明で見通しのよい枠組みだが、そこでは非人格的なシステム信頼の効率的ならびに倫理的な優位性ばかりが際立ち、人格的な人間信頼の方の議論が疎かになりがちだ。また人間信頼は伝統的、システム信頼は近代的と単純に二分されてしまうことで、この二つの間の関係を問うさらなる探究がなされにくくなる。例えば、表1における「人」にせよ「隣人」にせよ実は人格的にも非人格的にもイメージされ得るわけだが、「人への信頼」や「隣人への信頼」それぞれのはらむ伝統的な側面と近代的な側面はいったいどのように関係し合っているのであろうか。単純な近代主義的信頼論ではこういった問題に鋭く切り込んでいくことができない。

ギデンズが「人間（person）への信頼」と言う場合、それは大抵人格的な人への信頼を指している。ところが「世界価値観調査」で「人はだいたいにおいて信用できる（most people can be trusted）」かどうかを尋ねる際に問題となっているのは、もう少し一般的な人々のことだ。ただしここで彼らを人格的に思い浮かべるか非人格的にイメージするかは人によって、あるいは場合によってまちまちとなる。これは「隣人（neighborhood）」の場合も同様だろう。それは近しい人たちとしても、あるいは疎遠な人々としても想起することができるのである。さらに、「人」や「隣人」がどれほど非人格的に思い描かれたとしても、それが同じく非人格的な貨幣システムや司法システムなどとは相当に異なった存在であるというのは間違いない。信頼研究が一層発展していくためには、近代主義的な地点に立ち止まることなく、こうした微妙な問題の数々に果敢に挑戦していく必要があろう。

二、日本的信頼の理念型

⑴　日本的集団主義の謎

社会評論でも社会科学的な研究でも日本社会の特徴が語られる際、人々の間の温かい関係が俎上に載せられることが少なくない。欧米ではクールな個人主義が際立っているのに対して、日本には気遣いに満ちた関係性と、それに根ざした集団主義が浸透しているというわけである。これはゲマインシャフト的な人間信頼に焦点を当てた議論ということになる。

ただし、これだけだと伝統社会の編成原理としては事足りるものの、近代的な諸組織や諸制度の基盤には到底なり得ない。しかしながら、日本がアジアの中にあって相当に早い段階で近代化を遂げた国だというのは言うまでもない。これに関しては、日本的な企業組織にあっては、会社の随所に温かい関係性や小集団が張り巡らされており、また会社全体が一体感に溢れた家族集団的な様相を呈している、ということに注目した議論がよくなされる。つまり、日本的組織は確固たるゲゼルシャフトの中にあまたのゲマインシャフトを平和裡に抱え込んでおり、また大きな組織体それ自体がゲマインシャフト化したゲゼルシャフトになっているというわけである。この不思議な事態を、人格的な人間信頼あるいは非人格的なシステム信頼いずれか一方だけで解き明かすことはとてもできない。

ここでとくに問題となるのは、一般的に①ゲゼルシャフトの中のゲマインシャフトはゲゼルシャフトを往々にして阻害するということ、そして②ゲマインシャフト化した諸々のゲゼルシャフトはより広い社会の中にあって互いに対立する危険性が相当にあるということである。会社の中にさまざまなインフォーマル集団が林立している場合、それぞれの内部には温かな配慮が浸透する反面、余計なコネや義理なども生まれてくる。そして各々の集団がそれなりに強力な派閥を形成し、ひいきや情実を常態化させてしまえば、組織の正常な作動はままならなくなろう。これは会社の内部における各種の小集団をめぐる問題だが、似たような事態はより広い社会に埋め込まれた諸々の会社の間にも生じる。各々の会社が淡々と一般的なルールに従っていれば全体社会は概ねスムーズに機能するが、それぞれが伝統的な共同体のように振る舞うと、組織間の調整は非常に難しいものとならざるを得ない。この場合、なるほど各組織の内的統合はそれなりに保たれるかもしれないものの、集合的なメンツが過度にぶつかり合うことで、社会は分断の危機に見舞われてしまうのである。

日本的集団主義に関するこれまでの議論は、こうした自集団中心主義に起因する集団間対立の問題をほとんど扱ってこなかった。多くの場合、人格的な関係に基づく共同体的な集団が自然に存在し、そうした集団が複数積み重なって大きな家族的組織が構成され、そしてあまたの組織が協調的に振る舞うことで包括的な制度が出来上がっているという事態が、疑いようのない自明な事柄として想定されているのである。しかし関係‐集団‐組織‐制度という連鎖が予定調和的につながっているとするのは、社会科学における通常の考え方とは随分と異なる。むしろ、それぞれの間には原則的に対抗関係が存在していると見るのが一般的だ。

社会的アイデンティティ論の代表的論者ジョン・C・ターナーによれば、諸個人がアイデンティファイするレヴェルとしては大きく①人間カテゴリー、②集団カテゴリー、③個人カテゴリーの三つが考えられるが、それらの間には機能的な拮抗関係があり、集団レヴェルでのアイデンティティが顕在化しているときは、人間レヴェルや個人レヴェルでのそれは後景に退くことになる。つまり、集団へのアイデンティフィケーションが強い場合は、内集団と外集団の間の違いばかりが強調され、上位カテゴリーへの共属性の事実（いずれの集団に所属していても同じ人間だということ）、ならびに下位カテゴリーにおける分化の事実（同じ集団の中にいても個人ごとに差異があるということ）は閑却されがちになるのである（Turner, 1987＝訳 1995: 63–65）。ちなみにハズラムは上記②の集団カテゴリーを、さらに組織レヴェルとチーム・レヴェルの二つに分けた（Haslam, 2001: 45–47）。組織（上位集団）レヴェルでの共属意識が高い場合、チーム（下位集団）レヴェルでの違いが低く見積もられ、その反対にチーム・レヴェルでの一体感が強い場合、組織レヴェルに共に包摂されているという感覚が弱くなるというのは、組織を生きる人々が日常的に感得しているところにちがいない。

これを信頼論の文脈に即してあらためて確認するなら、集団主義というのはそもそも集団的な信頼が強いということであり、それは原則的には集団内外の個人よりも関係よりも、また集団を超えた組織よりも制度よりも、はるかに集団なるものを信頼しているということを意味している。そして当該集団をとりわけ信頼するということは、他集団への不信を伴いがちであり、そこにおいて信頼のまなざしはかなり閉鎖的なものとならざるを得ない。また、その集団がゲマインシャフト的な性質を帯びていればいるほど、集団間対立は深刻なものとなろう。では、日本社会は本当にこの意味で集団主義が強いと言っていいのだろうか。

⑵　基盤としてのシステム信頼

日本的な信頼を支えているのは、実は伝統的な関係性でも純粋な意味での集団主義でもない。これは他国の社会との比較によって明らかになってくる。園田は同じく人と人との関係を重視する社会とは言っても中国と日本とでは大きな違いがあるとし、諸々の社会関係が中国では個人を中心として拡がるのに対して、日本では場に付着していると説く。日本では養子制度などによって従前の家関係を清算して新たなものに組み換えることができたり、職場を共有することで独特の企業一家的な関係を作り上げたりすることが可能だが、中国ではそのようなことはない（園田、一九八八年：五六）。約言するならば、中国では血縁を中心とする関係が場を規定しているのに対して、日本では場の方が優位に立って諸々の関係を統御しているのである。

温かいゲマインシャフト関係は、それだけで集団や組織の活動をスムーズにしてくれるものではない。むしろ血縁、地縁、仲間関係へのこだわりが近代的な秩序を阻害してしまう、というのはよくあることだろう。

その点では、中国社会よりも日本社会の方がはるかにゲマインシャフト的な原理から解放されている。王の指摘するように、中国ではフォーマル集団の目的を達成すべくインフォーマルなネットワークが活用されたり、その反対にインフォーマルなネットワークの目標達成のためにフォーマル集団が利用されるといったことが普通に起こるが、それとは対照的に日本では「公式組織において、家族との関係性を役割義務として最優先に保つことは」考えられず、「伝統的な中国組織のように、かつての私的人脈をフォーマルな組織の中で優先的に考えることもあり得ない」のである（王、二〇一七年：一四七、一五〇）。

二〇世紀後半の東アジア諸社会のビジネス・システムの比較研究を行ったウィットリーは、日本的な企業組織がとりわけ非人格的で公式的な性質を有していることを指摘する。日本の企業は一般的に所有者の人格的権威への依存度がきわめて低く、集団全体に対する成員たちのコミットメントは非常に強い（Whitley, 1990: 54-55）。ウィットリーは各国の組織原理を詳細に検討したうえで、人格的権威の重要度に関しては日本＝低、韓国＝高、中国＝高、アメリカ＝低であり、企業への忠誠心については日本＝高、韓国＝中、中国＝中、アメリカ＝低だとしてまとめている（Whitley, 1990: 68）。また、公式的な調整や統制の手続きを重視する程度は日本＝高、韓国＝中、中国＝低になるという（Whitley, 1991: 3）[3]。同じ東アジア地域にあって日本的な組織が特異な様相を呈しているというのは、見落とすことのできない重要な点と言うことができよう。

ここでさらに時代を遡るなら、戦前においても、また近代以前においても日本社会の編成原理として重要なのは、実はゲマインシャフト的な集団主義ではなかった。これに関してはベラーや作田による古典的な研究がきわめて示唆に富む。江戸時代の価値システムを探究したベラーによれば、日本的な集合体にあってはその維持よりも目標達成の方にはるかに重きが置かれ、そのため主たる評価基準としては属性主義ではなく業績主義が採られることになる（Bellah, 1957＝訳 1966：二章）。廃嫡や勘当などの措置により、成果の上げられない血縁を切り捨て、有能な弟子を後継ぎとして迎え入れる、といったことがしばしばなされるのはそういうわけだ。なるほど日本社会には強い集団志向が看取されるが、そこでは目標達成が重視されるため、情実に対する歯止めがしっかりと効いているのである。

また日本的な集団が目標達成を強く志向するとともに、良くも悪くも外部環境に対して相当に開かれた構造を持っているということを看破したのが作田である。彼によれば「幕藩体制以後の日本の社会では、社会と個人との中間に位置する集団の自立性が弱いということが、その構造的特質の一つ」となっており（作田、一九六七年：一三）、「家族主義集団の典型とみなされている同族にしても、中国の氏族に比べれば、自己完結性は弱い」（作田、一九七二年：四三四）。そしてドイツのファシズムがまずもって家族をはじめとする諸々の中間集団の解体を目論んだのに対して、日本のファシズムにはその必要がなかった。というのも日本では元々各種の中間集団の自律性が脆弱で、成員を防衛する機能が不足しており、全体主義的な力の集団内部への浸透が容易だったからである（作田、一九七二年：三〇九―三一〇）。

このように日本的な集団志向は思われているほど堅固なものでも閉鎖的なものでもなく、むしろかなり柔軟で開放的だということが確認される。そして上の議論から、人格的な人間信頼ではなく非人格的なシステム信頼こそが日本社会を根底から一義的に支えている様子が浮き彫りになってきた。もちろん日本社会において温情に富んだ関係や集団が意味をなさないというわけではない。が、それらは社会の随所でそれなりに大事な役割を果たしつつも、大きく見れば非人格的な制度の枠内にあって、そこからの制約を強く受ける。

ここで重要なのは、ゲマインシャフト的な関係や集団とゲゼルシャフト的なルールとがコンフリクトを起こした際、一般的には後者を優先することがシステマティックに了解されているということだ。

日本型のシステム信頼において、人格的な温かさに溢れた関係や集団は、非人格的な社会編成を害しないかぎり許容され、またそれがシステムの作動を促進する場合には積極的に賞揚される。システム信頼と相乗効果を発揮する方向での人間信頼の開花を大いに認め、且つシステム信頼を傷つけるタイプの人間信頼はこれを峻拒する、という了解が非人格的に成立し、かかるメタ・レヴェルでのシステム信頼が広く社会のうちに浸透しているということ。これこそが日本的な信頼の理念的な原型と言うべきものにちがいない。

三、信頼現象における人格性と非人格性

(1) 信頼の及ぶ先

近代主義的な信頼論がゲマインシャフト的な人間信頼とゲゼルシャフト的なシステム信頼を対置する素朴な二分法にのみ安住し、その先の探究を怠ってしまうと、往々にして単純きわまりない近代礼賛論が(あるいはその裏返しとしての安直に過ぎる近代批判が)跋扈することになる。そしてそれは、近代的な欧米社会は非人格的な信頼に満ち、伝統的な日本社会は人格的な信頼によって特徴づけられるという素朴な図式を伴うことが少なくない。しかし、先に掲げた表1で確認できるように、ゲマインシャフト的なものと考えられる隣人への信頼の度合いは、日本よりもアメリカやドイツの方がはるかに高い。また日本社会の編成原理の根幹にシステム信頼があるということに関しては、上で見てきたとおりだ。日本人を相手に接待だけで何とかなるだろうと思ったり、アメリカ人を前に情緒を排したクールな交渉のみがものを言うと考えたりするのがいかに愚かしいか、国境を越えたビジネスを行う者なら——いや今日では国際的な想像力を少しでも持ち合わせた人であれば——、誰しもよくわかっている。

信頼現象における人格性と非人格性の二つは、伝統的–近代的という二分法で片づけられるほど単純な存在ではない。ゲマインシャフト的な信頼とゲゼルシャフト的な信頼の間には探究し甲斐のある複雑な関係が伏在している。この二つを個別的信頼と一般的信頼と呼んで問題にしている佐藤の説くように、両者の間の関係は単純ではなく、「個別的信頼から一般的信頼が生まれるメカニズムは十分に解明されていない」(佐

藤、二〇一七年a：一五）。人格的な信頼があれば、それは自然に非人格的な信頼へと育っていくだろうとか、この二つは前近代と近代とを隔てるきわめて対照的なものなので、二つが重なり合うことはなく、また二つの間をゆれ動くようなこともない、などと先験的に想定してしまうわけにはいかないのである。

霊長類としてのヒトという存在を考えたとき、同質性の高い身近な集団内で利他性が生起するのは理解可能なものの、それがより広い社会レヴェルにまで行き渡るかどうかに関しては謎が多いという（小田、二〇一七年）。「情けは人のためならず」というが、「文明以前の小さな集団ならともかく、現代の文明社会にみられるような大きな集団で、そのように廻り廻ってお返しが来ること」は容易ではないと考えられるからである（同：一九―二〇）。さらにここで、ヒトの祖先がサルではなく類人猿であることを強調し、人間社会の進化について独自の探究を行ったジョナサン・ターナーの議論に耳を傾けてみよう。彼は、人間には元々個体主義的な性向があり、家族や地域などといった檻に入ることは適応的進化のために必要ではあったものの、本来的な人間的自然には著しく反していたと説く。近代社会や脱近代社会における個人化の傾向は、したがって人間にとって実はかなりの朗報だったのではないか、というのがターナーの見方だ（Turner and Maryanski, 2008=訳 2017：とくに一〇章）。

では、このように個体としての殻に強くこだわり、利他の範囲をごく近しい同類に限りがちな人間が、いかにして信頼の及ぶ先を伸張していくことができるというのだろう。根本的な解決が難しいこの問題に対しては、それでも①近しい間柄を少しずつ拡げて一般性を高めていくか、あるいは②一気に非人格性の領域へと飛躍するかという二つの方策が考えられる。前者に関しては、見知らぬ人や、あるいはより広い制度へと橋渡しをしてくれる身近な媒介者の存在に着目した佐藤（二〇一七年a、二〇一七年b）の議論が示唆的だ。そうした媒介者の働きによって信頼の連鎖が起きれば、たしかに一般的信頼の実現可能性は次第に高まっていくものと期待されよう。

ここにおいて佐藤が依拠しているギデンズによれば「抽象的システムに対する信頼は、多くの場合そうしたシステムに責任を負う人間や集団との出会いを必要として」いる（Giddens, 1990=訳 1993: 196）。また信頼には「最低限の実在的基礎が必要である」とするルーマンの議論にも注目しておこう（Luhmann, 1973=訳 1990: 104）。人格的な人間信頼がポジティヴな連鎖反応を生めば非人格的なシステム信頼の基盤を固める可能性があり、またそうして出来上がったシステム信頼は陰に陽に人間信頼による不断の検証を経ているものと考えられるのである。近代主義的な信頼論を展開したルーマンとギデンズだが、それでもわずかではあれ、このようにシステム信頼の背後にある人間信頼の重要性について触れているというのは特筆に値しよう。

しかしこれとは別に、人格的な信頼のレヴェルを断ち切り、一気に非人格的な信頼のレヴェルへと移行するという方途ももちろんある。一般的な人々への信頼ということで考えてみれば、身近な人たちへの信頼を積み上げることを通じて人間一般への信頼感を増進するという方向性が認められる一方で、人間の尊厳や人権の重要性を訴え、物理的・心理的な近しさにこだわらない普遍的な人類愛を賞揚するという方向性も大いにあり得るわけである。この場合、少なくとも理念的には人間なるもの全てが対象となるため、信頼の範囲としては万全ということになろう。

この二つのありようは、別の表現を用いるなら、共同性に照準して、それを少しずつ拡げていくやり方と、公共性を構築して、それで全てを包含していくやり方と言ってもよい。このうち共同性拡張方式の方は、人格的な関係の延長である以上、不安定さをはらみ、また一般性をどこまで高められるのかという点で懸念は残るものの、実質的な意味に富んでおり、情動への訴えかけが強く、地に足の着いたものと言うことができる。これに対し公共性包含方式の方は、初めから非人格性を強調するがゆえに、何ほどか冷徹で、またややもすると建前としての理念に留まる危険性がありながらも、全ての人を等しく扱うものであり、公平性という点で大変に優れている。この両者のポジティヴな側面を最大限活かすことができるなら、偏狭な〝われわれ意識〟に囚われがちな種としての人間も、信頼の及ぶ先をスムーズに拡げていくことができるにちがいない。ただしこの先にはきわめて大きな問題が待ち構えている。それは、信頼の範囲の有意な拡張が現実の世界でどれほど実現されているか、である。

(2)　非人格性の構図

人格的な信頼とは、すなわち顔の見える身近で親しい人たちに対する信頼のことである。では非人格的な信頼とはどのようなものだろうか。実は非人格性という括りの中には、かなり雑多なものが入ってくる。それらをある程度整理して表2に示してみよう。まずは同じ民族、同じ国籍、同じ性別といったA属性的非人格性、また同じ自治体や同じ国の住民といったB地域的非人格性、そして同じ学校や同じ会社のメンバーといったC所属・準拠集団的非人格性が挙げられる。これらの元となる属性的、地域的、集団的な共通性は、人格的なつながりの基盤ともなり得るものだが、生得

表2　非人格性の諸類型

	非人格化への力	実質的な意味	普遍性
A　属性的非人格性 （例：民族、国籍、性別）	生得的特質の共通性	強	低
B　地域的非人格性 （例：広義の近隣、国民）	居住地の共通性	強	低
C　所属・準拠集団的非人格性 （例：学校の生徒、会社の従業員）	集団への帰属の共通性	強	低
D　組織的・制度的非人格性 （例：法、校則、就業規則）	共に服するルールの一般性	弱	高
E　機械的・ルーティーン的非人格性 （例：自販機、交通系ICカード）	自明視する世界の一般性	弱	高
F　市民的非人格性 （例：人間性）	人権を持つ人間としての一般性	弱	高

註：A・B・C＝擬制的共同性、D・E＝近代的ルール性、F＝公共性としてまとめることができる。

的属性や居住地域や所属集団が同じというだけで顔の見える関係が一切なくても共属意識や信頼感を抱く、などといったこともよくあるケースにちがいない。これはまさに非人格的に拡張された共同性と言うことができよう。

これに対してD組織的・制度的非人格性は、近代的なルールの束それ自体と、それに基づいて人為的に構築された組織や制度が本来的に諸個人の人格性を超えているということを意味している。そしてそこからさらに人の姿が見えなくなったのがE機械的・ルーティーン的非人格性だ。その典型例としては、自販機による買い物行為を挙げることができよう。A・B・Cがゲマインシャフトの拡張版であるのに対して、DとEはゲゼルシャフトそのものということになる。

最後にF市民的非人格性だが、これは人間存在を究極的に抽象的なものとして想定したときに立ち現れるものである。D・Eとは違って、そこで重要なのはメカニズムではなく人間性そのものなのだが、個別的な人格性とも共同性とも原則的に無縁ということでは、D・Eと性質を共にしている。全ての人に当てはまる人間性というものを措定するにあたっては、諸個人や諸集団の多様性を斟酌しない冷徹な志向がどうしても必要だ。A～Fの中で最も抽象度の高いF市民的非人格性は、そうであるがゆえに共同性を超えた公共性の礎となっている。

こうして諸々の非人格性の中にはA・B・Cのような擬制的共同性、D・Eのような近代的ルール性、Fのような公共性があることが確認されるが、擬制的共同性の場合、実質的な意味に富む反面、普遍性に難が認められる。また、これとは対照的に近代的ルール性ならびに公共性の方は、豊かな普遍性を誇る一方で、実質的な意味には乏しい。信頼の範囲を拡げる際に、実質的な意味を重視して共同性拡張方式をとるのであれば、A・B・Cの拡充を経てからFへと向かうことになるし、普遍性を優先して公共性包含方式をとる場合には、一気にFへと飛躍し、それでもってA・B・Cを射程に収めるということになろう。

ところで、人格的な人間信頼対非人格的なシステム信頼と広く言う場合、後者にはＡ～Ｆの全てが入ってくる。本稿ではシステム信頼の語をこのように広義で用いているが、しかしこれをＤとＥに限定するという立場ももちろんあり得よう。実際、ルーマンやギデンズにあっては、システム信頼の議論はＤとＥ、すなわちゲゼルシャフト的なメカニズムにほぼ集中している。ただしこれだと、人格的な信頼対非人格的な信頼という図式が人間的なもの対非人間的なものという図式に還元され、人々の姿が人格的にも非人格的にも現れるという両義性が霞んでしまうことにもなりかねない。

なるほど二〇世紀的な世界においては、人間的な領域とメカニカルな領域の相乗や相克が大きな問題となっていたため、非人格性の代表格として近代的な組織や制度やテクノロジーに焦点が当てられるというだけでもよかったのかもしれない。しかし新たな世紀に入って久しい今、純粋な共同性（人格性）と、擬制的共同性（Ａ属性的非人格性・Ｂ地域的非人格性・Ｃ所属・準拠集団的非人格性）と、公共性（Ｆ市民的非人格性）の演ずる複雑な関係について深く考えるべきことが大変多くなってきている。〝われわれ意識〟はどのようにあるべきか、その範囲はどうずれば拡げることができるのか、共同性と公共性の折り合いはいかにしてつけられるのか。これらは、教室内のイジメ、社会保障制度、ネオリベラリズム、移民の受け入れ、宗教的原理主義など、きわめて多岐にわたる事柄に共通した大問題にほかならない。人間と機械との対峙が際立っていたのが二〇世紀だったとすれば、二一世紀は人間と人間との対峙があらためて本格的にクローズアップされる時代になったと言うことができよう。

四、ゆらぐシステム信頼

⑴　共同性と公共性の相互浸透

共同性拡張方式と公共性包含方式それぞれの信憑性がともに高い場合、両者は協調しながら相互浸透を遂げることになる。近代化の実験とも言えるプロセスを経たアメリカは、ネイバーフッド（近隣）を社会生活においてきわめて重要な単位としつつ、それをより一般的な公共性と結びつけてきたという歴史的な経緯がある。ネイバーフッドは確固たる共同体であるとともに、公共性に対して開かれた領域としてイメージされ、また公共性の方は各種の人格的な関係や集団を包含しつつ、それらによって裏打ちされたものとして構想されてきた。

これはアメリカン・デモクラシーの典型像と言えるが、しかし、近代社会であればどの国でも程度の差こそあれ、共同性は公共性に向かって拡張され、また公共性は共同性によって支えられている。伝統社会を脱した以上、近隣はより広い社会に対して開放的にならざるを得ない。また、どれほど大規模で、且つフォーマルなルールの行き届いた社会であっても、それが生身の人間から成り立っているというのは厳然たる事実であり、そうであるからにはそこにおける公共性も、個別具体的な諸々の共同性と完全に無縁というわけにはいかなくなる。こうして、近代社会において共同性はある種の普遍性を身にまとい、そして公共性は実質的な意味を何ほどか具備することができるようになった。

しかしこの共同性と公共性の相互浸透というプロセスは、それぞれの良さだけでなく難点をも取り込むことを意味している。共同性を公共性の方向へと拡げていく際、どこまで行ってもそれは擬制的共同性の枠に留まる可能性が高い。その場合、必然的に外側の領域が残ることになるが、それに対する差別的な処遇は自然なものとして看過されがちだ。近代国家において同じ国民だから平等ということを高らかに謳ったとき、そこから女性が、あるいはエスニック・マイノリティが排除されてきた歴史というのは珍しくもなかろう。しかも、そこでは当の社会の真の構成員はマジョリティに限られるということが自明視されているため、普遍的な公共性は既に十分実現されているものと観念されてしまう。これは共同性のはらむ偏狭さと公共性の呈する冷徹さがともに浮き彫りになった状況と言うことができよう。

それでも近代化の歴史のさまざまな段階で、こうした共同性と公共性の織り成す不条理な現実を、抑圧された側の人たち自身、必ずしも大問題とはせず、それなりに我慢してきた時期が多くあった。それは①当の排除が正当なものとして制度化されていたから、また②近代化の途上でそれが問題となった際、少しずつではあれ事態の改善がなされ、そしてその後も望ましい方向へと変わっていくことが期待されていたからである。例えばアフリカ系の人たちの自由が著しく制限され、また多くの公立学校でプロテスタントの祈りが強要されていた一九五〇年代のアメリカにおいて、それでも社会が輝いていたのは、一つには大勢として特定の層の排斥が当たり前の現実だったということ、またもう一つにはそうした事態を問題視する運動が起こりつつあったということによっていよう。実際この二つに関する法的状況は、一九六〇年代に著しく改善されることとなった。

二〇世紀後半には、アメリカに限らず多くの先進国において、純粋な共同性と擬制的共同性（表２のＡ・Ｂ・Ｃ）と公共性（表２のＦ）の関係は概ね良好なものであったと見ていいだろう。また近代的ルール性（表２のＤ・Ｅ）の信憑性もこの時期、非常に高かった。だからこそルーマンもギデンズも、ゲゼルシャフト的なメカニズムへの信頼の効率性ならびに倫理性を近代主義的に訴えたわけである。〝われわれ意識〟ということで言えば、それは共同性と公共性それぞれの美点を兼ね備え、またフォーマルなルールによって適切に支えられたものとして捉えられることが少なくなかった。この時代、非人格的なシステム全般への信頼は相当に堅固なものだったのである。(4)

(2)　痩身化する信頼

ところが二一世紀に入って事態は一変し、システム信頼の衰微は眼を覆うばかりになってきた。それまで公的部門によって担われてきた領域も含め、全てを市場のロジックで動かそうとするネオリベラリズムの大きな流れは、公的な価値ではなく私的な利害を原動力とするため、あらゆる共同性と公共性を毀損する危険性を秘めている。市場原理主義のアイディアが一部の政治エリート・経済エリートによって喧伝されるだけでなく、普通の生活者の社会意識にまで浸透することで、個人化の勢いは圧倒的なものとなった。今や自己責任ばかりが強調され、これによって人格的な人間信頼はもとより、非人格的なシステム信頼までもが霞みつつあるのである。

また、先進諸国における移民の流入現象に関しても、昨今ではシステム信頼の減衰が著しい。共同性拡張方式をとるにせよ公共性包含方式をとるにせよ、〝われわれ意識〟が有意に拡がっていけば、移民はホスト社会のうちにスムーズに包摂されるものと考えられる。加えて近代的なルールの整備も、基本的には移民の人権の保障に関してポジティヴな方向に作用するはずだ。ところが、実際にそうした力強い流れが一定程度ありながらも、流入する移民の数があまりにも膨大になると、ホスト社会の住民の側にも、また移民の側にもさまざまな不安や不満が芽生え、それが相当な不信へとつながっていくことになる。受け入れ国側からすると、旧来型の移民であれば数も少なく、また当初の低い地位に甘んじるのが普通だったため、対処が比較的容易だったわけだが、近年ではそうはいかなくなってきた。

これに対して移民、とくに難民としてやって来た人の立場から見れば、元々先進国側が引き起こした戦乱や紛争によって故国を後にしたわけだから、流入先で手厚く扱われるのは当然であり、見下されるのは耐えられないということになろう。移民受け入れに関し、かつてならそれなりに適切に作動していたと思われる擬制的共同性も、近代的ルール性も、公共性も、今ではホスト社会側からすると甘過ぎ、移民側からすると厳し過ぎるものとして感得されるようになった。

二一世紀のネオリベラリズムの潮流は階級・階層問題を先鋭化させ、また移民の流入現象は民族・エスニシティ問題を激越化させる。二〇世紀においてもこれらはもちろん大きな問題ではあったものの、近代化のさらなる進展とともに事態は改善に向かうだろうとする望みも同時に抱かれていた。ところが、階級・階層・民族・エスニシティ等をめぐる格差や、その奥底に潜む各種の不公平・不公正の問題を解消しようとする潮流は、いつしか頭打ちになり、今や後退の兆しすら見せているありさまである。

以上、ここではネオリベラリズムと移民の問題を取り上げたわけだが、これはごく僅かな例に過ぎず、非人格的なシステムへの不信は他にもさまざまな領域に認めることができるにちがいない。拡張をやめた共同性と擬制的共同性、機能不全に陥った近代的ルール性、包含をためらう公共性に直面して、今日、多くの国が大きな苦悩を抱えている。そして、ここにおいてとくに注意しておきたいのは、近代的ルール性と公共性が後景に退くと、共同性と擬制的共同性が放縦な動きを始めるということである。従うべき一般的ルールを失ったとき、共同性にせよ擬制的共同性にせよ、対峙する同種のそれと激しい争いを繰り広げることにもなりかねない。公的な価値に代わって前面に躍り出てきた私的な利害のうごめきは、個人化を強く推し進めるとともに、放埒な自集団中心主義をもたらすことにもなる。[5] 社会の全般的な改善という希望が薄れてしまった状況にあって、極度に私的なものとして観念される個人主体ならびに集合体主体の数々は、それぞれ独自のロジックで自己防衛的に振る舞い、互いに無益な衝突を繰り返す危険性を秘めているのである。

こうして今日の社会は部族的な抗争の時代へと退化してしまったように見受けられる。それは日本の場合も同様だろう。第二節では日本的な信頼の理念的な原型として、メタ・レヴェルでのシステム信頼を基盤とした人間信頼の開花というものを挙げたが、それが二一世紀においても健在かどうかは甚だ疑わしい。政治セクターも経済セクターも財務主導の緊縮運営ばかりが際立ち、それにともなってさまざまな不祥事が相次ぐありさまである。また、階級・階層・民族・エスニシティ等に関して自らの集合的アイデンティティに固執する意識も昨今、相当に目立つようになってきた。

さらに、ここで高校生を対象とした意識調査のデータに眼を向ければ、「二〇〇七年から二〇一三年にかけて〝友人といるより一人でいる方が落ち着く〟は五十四・八％から六十五・六％に、そして〝親友でも本当に信用することはできない〟は二十八・七％から三十六・六％にそれぞれ増えている」（小藪・山田、二〇一五年：六四）。また「多様な人びとが行き交う街中などの公共空間において状況適合性の規則はしばしば破られているのではないだろうか」という草柳（二〇一五年：二一五）による問いかけも傾聴に値しよう。人格的な信頼も非人格的な信頼も今日の日本ではとても盤石とは言えない状態になっているのである（山田、二〇〇七年も参照）。

それでは、ルーマンやギデンズによる近代主義的な信頼論がのどかに見えるほどにシステムへの不信が顕在化した現代社会にあって、人々はそれまで積み上げてきた信頼の貯金を食いつぶしていくしかないのだろうか。信頼は今後、衰耗だけを運命づけられているのであろうか。必ずしもそうとばかりは言い切れまい。もしかすると二〇世紀型のシステム信頼は（日本的なそれも含めて）、強者のロジックが色濃く反映したものだったかもしれない。これまでの共同性拡張方式も公共性包含方式も、さまざまなマイノリティの立場からすると欺瞞を多く含んでいた可能性がある。[6]そうだとすれば、従来型の信頼が綻びをきたしている現状は、あるべき信頼の姿を深く考究するための恰好のチャンスと言うこともできよう。この混沌とした状態が結局のところ信頼の衰退を決定づけてしまうのか、あるいは新たな信頼の形を紡ぎ出すことにつながっていくのか、時代の決着はまだついていない。

注

（1）交換には必ずタイムラグが発生する。経済学は一般的に、また社会学でも社会的交換理論や合理的選択論などは大抵の場合、交換を同時に起こるものとして捉えているが、現実の世界において金品の受け渡しは同時になされるものではない。そのため経済的取引には社会的信頼が欠かせないものとなっている。

（2）この種の研究の先端的なものとしては数土（二〇一三年）を挙げることができる。

（3）なおウィットリーのこの研究において中国的な組織原理は、台湾や香港の家族経営を対象とした分析から導出されている。

（4）ただし、これは今から振り返ってみたときの相対的な評価に過ぎず、二〇世紀後半においてシステム信頼をめぐる問題がなかったということを意味しはしない。

（５）今日的な集団志向の高まりを拙著（山田、二〇一七年：七章）では「新型集団主義」として分析している。

（６）流入したばかりの労働移民を相対的に劣悪な環境に置いて二級市民のように扱いながら、当人たちの主観的な満足や忍耐をあてにするなどといった姿勢は、その典型と言えよう。

文献

Bellah, Robert N., 1957, *Tokugawa Religion: The Values of Pre-Industrial Japan*. Glencoe: The Free Press（＝一九六六年、堀一郎・池田昭訳『日本近代化と宗教倫理――日本近世宗教論』未来社。）.

Durkheim, Émile, 1893, *De la division du travail social*. *Paris*: Félix Alcan（＝一九七一年、田原音和訳『社会分業論』青木書店。）.

Giddens, Anthony, 1990, *The Consequences of Modernity*. Cambridge: Polity（＝一九九三年、松尾精文・小幡正敏訳『近代とはいかなる時代か？――モダニティの帰結』而立書房。）.

Haslam, S. Alexander, 2001, *Psychology in Organizations: The Social Identity Approach*. London: Sage Publications.

小藪明生・山田真茂留、二〇一五年「若者的コミュニケーションの現在――高校生の友人関係志向に見る」友枝敏雄（編）『リスク社会を生きる若者たち――高校生の意識調査から』大阪大学出版会：五七―七六。

草柳千早、二〇一五年『日常の最前線としての身体――社会を変える相互作用』世界思想社。

Luhmann, Niklas, 1973, *Vertrauen. Ein Mechanismus der Reduktion sozialer Komplexität*, 2. erweiterte Aufl. Stuttgart: Enke Verlag（＝一九九〇年、大庭健・正村俊之訳『信頼――社会的な複雑性の縮減メカニズム』勁草書房。）.

小田亮、二〇一七年「利他性の光と影」『TASC MONTHLY』五〇〇：一五―二一。

作田啓一、一九六七年『恥の文化再考』筑摩書房。

作田啓一、一九七二年『価値の社会学』岩波書店。

佐藤嘉倫、二〇一七年ａ「信頼が生み出される社会をめざして」『TASC MONTHLY』五〇一：一四―二〇。

佐藤嘉倫、二〇一七年b「合理的選択理論から見た社会関係資本とコミュニティの関係」『学術の動向』二二(九):一三―一九。

園田茂人、一九八八年「中国的〈関係主義〉に関する基礎的考察」『ソシオロゴス』一二:五四―六七。

数土直紀、二〇一三年『信頼にいたらない世界――権威主義から公正へ』勁草書房。

Tönnies, Ferdinand, 1887, *Gemeinschaft und Gesellschaft: Grundbegriffe der reinen Soziologie*. Leipzig: Fues's Verlag(=一九五七年、杉之原寿一訳『ゲマインシャフトとゲゼルシャフト――純粋社会学の基本概念』岩波文庫。).

Turner, John C., 1987, *Rediscovering the Social Group: A Self-Categorization Theory*. Oxford: Basil Blackwell(=一九九五年、蘭千壽他訳『社会集団の再発見――自己カテゴリー化理論』誠信書房。).

Turner, Jonathan H. and Alexandra Maryanski, 2008, *On the Origin of Societies by Natural Selection*. Boulder: Paradigm Press(=二〇一七年、正岡寛司訳『自然選択による人間社会の起源』学文社。).

王英燕(Wang, Yingyan)、二〇一七年『組織コミットメント再考――中日米における実証研究を手がかりに』文眞堂。

Whitley, Richard D., 1990, "Eastern Asian Enterprise Structures and the Comparative Analysis of Forms of Business Organization," *Organization Studies*, 11(1): 47-74.

Whitley, Richard D., 1991, "The Social Construction of Business Systems in East Asia," *Organization Studies*, 12(1): 1-28.

山田真茂留、二〇〇七年「日本的価値の諸相――ゆらぐ信頼社会」ロバート・キサラ、永井美紀子、山田真茂留(編)『信頼社会のゆくえ――価値観調査に見る日本人の自画像』ハーベスト社:九―三九。

山田真茂留、二〇一七年『集団と組織の社会学――集合的アイデンティティのダイナミクス』世界思想社。

山岸俊男、一九九八年『信頼の構造――こころと社会の進化ゲーム』東京大学出版会。

〈信頼と障害学〉

第四章　「信頼社会」を超えて――多様な生を棄損しない社会のありかたをめぐる試論

岡部　耕典

一、「信頼社会」の射程と限界

山岸敏男（一九九九年）は、「社会の大きな不確実性が存在する状況で相手がひどいことをしないだろうと期待すること」が、その相手を「信頼する」ということであり、その社会の成員がたがいに「家族や狭い仲間うちを超えた他者一般に対する信頼」に代表される「関係資本」を構築することで、効率的で開かれた「信頼社会」が実現すると説く。「信頼社会」と対置されるのは、伝統的家族やムラ社会に代表される「安心社会」である。山岸（一九九九年）は、「安心」とは「社会の不確実性が存在しない集団主義的な社会を前提とする認知」であり、集団主義的な社会は好ましい社会ではないため、「安心社会の崩壊は日本を信頼社会へと作り変えるための良い機会を提供している」と主張する。

「液状化する社会」（バウマン、二〇〇〇＝二〇〇一年）において、集団主義的な「安心」に基づく社会を求めることは好ましくも現実的でもないことには基本的に同意したい。しかし、果たして「信頼社会」は多様な人間存在が多様なままでその生を棄損されない社会に接続し得る構想なのだろうか。

山岸が定義する「関係資本」からは、二〇一一年の東日本大震災直後に人口に膾炙した「絆」という言葉が想起される。未曽有の大災害のただなかで、まさに「家族や狭い仲間うちを超えた」つながりを希求する人々の想いが託された言葉であることに疑いはない。

しかし、六年後の現在、「信頼社会」の構築は遅々として進まず、在日コリアン、生活保護受給者、精神障害者、セクシュアルマイノリティ、そして、「フクシマ」とカタカナで表象される地域の人たちを「絆」の外部に置く社会のかたちが、むしろ強化されつつある現在がある。

二、「信頼」から排除される者たちと「変形力のある包摂」

包摂型社会から移行した後期近代社会の統合システムを「排除型社会」と喝破したジョック・ヤング（ヤング、一九九九＝二〇〇七年）が焦点化するのは、フォーディズム的生産／消費サイクルの終焉と労働のフレキシブル化・生産のアウトソーシングによる新たな階級分化として生成されたアンダークラスである。経済的にも文化的にもマジョリティ＝アッパー・ミドルクラスとの「関係」を構築可能な「資本」を持ちえない彼らは、そもそも「絆」や「信頼社会」構築のアリーナから「排除」されているといえよう。

「排除型社会」は、細かな反社会的行動をも犯罪の予兆とみなして厳格に予防・摘発するゼロ・トレランス社会であり、そこでは排除と表裏一体でマジョリティ文化への強力な同化圧力が作動する。排除型社会のもとで文化のグローバル化と労働力の移動・流動化が激化し、その結果生じる文化的統合力の拡大と政治的、経済的統合力の収縮のギャップと軋轢が「過剰包摂する社会」とそこから排除される〈他者〉を生成すること。これが、今日の社会構造の根本的な矛盾であると指摘し、（ヤング、二〇〇七＝二〇〇八年）は新たな社会統合のあり方として、「変形力のある包摂」を提起する。

「変形力のある包摂」とは、マジョリティ社会の現状の肯定／維持を前提とせず、ハイパーカルチャリズム状況を肯定しつつ、同時に多数の人々の苦境と物質的利害を共有する包摂である、と定義される。（ibid. 171）その前提として求められているのは、リベラル・保守の二分法／二項対立的問題把握に基づく従来型の福祉国家「再建」でも、公共政策と民主主義の解体に与する「ポストモダニティ」の多文化主義／文化本質主義に退くのでもない分配と承認の政治の再編である。

　お互いの関係資本を交換することで形成される「信頼社会」は、〈持てる者〉に閉じた社会の構想であり、そのメインストリームに統合されることが「信頼社会」参画の前提となるのであれば、それはまさにヤングの言う「過剰包摂する社会」にほかならならない。多様な生が多様なままで生きられる社会の構想のためには、変わるべきは現代社会のディアスポラ／サバルタンたちではなく、そのようなメインストリームの社会のあり方なのではないのか。

三、多様性を担保する社会の存立様式

「変形力のある包摂」が実現可能な社会のあり方の手がかりを、見田宗介のコミューン論をつうじて検討していきたい。

　見田宗介＝真木悠介（一九七七年）は、ヤマギシ会と大倭《おおやまと》紫陽花《あじさい》邑《むら》というコミューンの比較をつうじて、「一体性（＝モチ）」と「多様性（＝あじさい）」というふたつの共同体存立の様式を抽出し、前者は「話し合い」、後者は「感覚」を通じて成立していると整理する。

　そのうえで、「ヤマギシ会を全体主義から区別するのは「無固定前進」「零位に立つ」というラディカリズムである。……しかしこのラディカリズムを現実に保証するのは、たえず矛盾をその内部から提起する個性の多様性であり、これが同質化してしまう度合いに応じて、「無固定」も「前進」もその内容を失ってしまうだろう。（下線引用者）」（真木、一九七七：一七）と指摘している。

　見田＝真木のコミューン論からは、集団主義的な安心社会が信頼社会へと離陸するためには、〈話し合い〉による「公意」への参画と〈感覚〉による「個我相互間の直接的な通底」という「人間の個体性と共同性の弁証法」〔ibid.: 16〕が必要である、という含意が得られる。「絆＝関係資本」があらかじめ存在するこ

とを前提として形成される「信頼社会」では、そのようなダイナミズムは想定されていないことを確認しておきたい。

とはいえ、〈話し合い〉という方法にも注意が必要である。これは熟議デモクラシー批判の論点とも重なるが、そもそも「話し合い」の主体として暗黙の前提となるのが、能動的かつ相互的に「熟議」し「絆」を結び「関係」を構築することが可能な自立した／強い個人の存在であることを看過してはならない。

自律／自立した個人を前提とする「話し合い」＝討議（ハーバーマス）／闘議（ムフ）は多様な人間存在すべてに開かれてはいるわけではない。見田＝真木（一九七七：一五）も、「山岸会は話し合いだからだめだと思った」「エゴのつよい人は山岸会にいくとほぐれていいですが、弱い人や病気の人は紫陽花邑の方が幸福になるのです」という野本三吉の言葉を引用し、その限界を指摘している。

じつは、ヤマギシ会は特講（特別講習研鑽会）とよばれる一種のインテンシブなグループワークによって、その構成員すべてがそのような〈強い主体〉となることを担保していた。その作業を通じて参加者はヤマギシ会という「モチ」の一部として「包摂」される一方で、特講に耐えられずヤマギシ会と一体化することができない〈弱い主体〉はヤマギシ会の一員とはなれなかったのである。

これに対し、紫陽花邑は「話し合い」ではなく「感覚」を通じて成立しているところが大きく異なっていた。当時の紫陽花邑には多くの障害者が暮らしていたが、その他とは異なる身の動かし方を邑の人たちは「おかしいものはおかしいやないか」と言って屈託なく笑う、笑われた本人も一緒になって笑う、というのである。しかし真木は、これは差別的言説ではない、なぜなら、紫陽花邑ではそのことが本人を傷つけないだけの「関係の実質性」があるからだ、としている。（真木、一九七七：一七）

「一体を求めあうことによってではなく、むしろ反対に、（中略）感覚の開放性と、このような感覚の開放性を相互に共有するという信頼（下線筆者）」が邑の人たちに通底していると見田＝真木（一九七七：一九）はいう。「関係の実質性」は構築したり、強制されたりするものではなく、すでにそこにある「ともに生きている」関係性を互いに感じとり、認め合うもの、ということになる。

自ら絆＝関係資本を構築し、ディベートや交渉ごとにも主体的に参加できるような「自立した個人」のみが成員であることを前提とした社会の構想において、すでにそこに存在しているにもかかわらず、それができない／できなくされている構成員は、不可視化され、排除されてしまう。感覚の開放性とその共有を前提とすることが困難な現代社会においても、能動的かつ相互的に「熟議」し、「絆」を結び、「関係」を構築することが可能な自立した／強い主体に閉じることなく、そこに在るすべての多様な人間存在に対して開かれている社会の構想が求められている。

本論の後半では、主として障害学の視角を踏まえ、多様な生を棄損しない社会のありかたをめぐる試論を展開していく。

四、「生の無条件の肯定」と「配慮の平等」

障害当事者の倫理学者である野崎泰伸は、「正義というものが存在するのであれば、それはどのような生が生きることをも無条件に肯定しなければならない。生の無条件の肯定が倫理的命令である。」と主張する。（野崎、二〇一一：一九三―一九八）

野崎（二〇一一：一九三―一九八）によれば、「生の無条件の肯定」は、感情や気持ちの問題ではなく、広く現実のそれを棄損する社会構造を問うものである。またそれがなければ他の自由や平等などといった価値が実現しないという意味において、それは「基本的かつ原初的な価値」である、とも言う。やや抽象的なこの主張も、障害者を差別しない、障害がある者もない者の命も等しく尊重されるべき、という建前が言われる一方で、ホームドアなどの障害者の命を守るバリアフリーですらも遅々として進まない日本社会の現状などを念頭におくと理解しやすいだろう。

全盲の社会学者石川准（二〇〇四：一二九）は、「配慮を必要としない多くの人々」と「配慮を必要とする（障害者などの）少数の人々」がいるという社会通念は誤っており、そうではなくて「すでに配慮されている人」と「いまだ配慮されていない人」がいるというのが正しい見方だと主張する。

たとえば、車いすの障害者が利用できるエレベーターのない建物は多々あれども、階段のない二階建て以上の建物は存在しない。これは、同じ階上にアクセスしたいというニーズに対して、健常者というマジョリティに対しては階段という設備がすでに配慮されており、一方で障害者というマイノリティにはいまだ配慮がなされていない、とも考えることができる。このような視座に立てば、エレベーターの設置は、マイノリティに対する「特別な配慮」ではなく、マジョリティとの「配慮の平等」を求めることにすぎない。

「生の無条件の肯定」に基礎づけられた「配慮の平等」を求めること、これを障害の領域にとどまらないあらゆるマイノリティに対するメインストリーム社会の配慮の責務として確認しておく必要がある。

五、「弱さを絆に」と「サバルタン対抗公共性」

「障害や問題を抱える当事者自身が自らの問題に向き合い、仲間と共に『研究』すること」（石原、二〇一三：一二）を「当事者研究」という。それは、「苦悩を抱える当事者が、苦悩や問題に対して『研究』という態度において向き合うこと」であるが、「苦悩を自らのものとして引き受ける限りにおいて、人は誰もが当事者であり、当事者研究の可能性は誰に対しても開かれている」（ibid.: 04）のである。

当事者研究の嚆矢となったのは北海道・浦河にある浦河べてるの家という精神障害当事者の地域生活拠点である。べてるの家という共同体の「絆」となるのはその構成員の「弱さ」であり、そしてその「弱さ」はそれを互いに語り合うことで「強さ」に転換されるのである。

> べてるの家の人々は十分に弱く、その『弱さを絆に』、お互いにつながっているという強さを持っている。……私たちは十分に弱くはないが、しかしもちろんさまざまな弱さを抱えている。こうした弱みは就労の空間や公的な空間では、表出することを抑圧されている。こうした弱みは、世間話などのルートをうまく使って小出しに安全に開示していくことができなければ、治療やカウンセリングなどの特殊な空間で表出するしかない。当事者研究は、そうした閉鎖的な空間とは異なった、弱さを公的に語る場を提供する。日常生活に弱さを隠しながら生きている私たちに、弱さを絆につながるように、誘うのである。（下線引用者）［ibid.: 43］

マイノリティが自らの「弱さ」を脱構築し、マジョリティ社会への異議申し立てに転じていくためには、そのためのオルタナティブな公共圏が必要となる。フェミニスト社会政策学者のナンシー・フレイザーは、「従属的な社会集団のメンバーが自分たちのアイデンティティや利害、必要について反体制的な解釈を組み立て得るような対抗的言説を発明し伝達する並行的な言説＝討議のアリーナ」として「サバルタン対抗公共性」という概念を提起し、「女性や労働者、有色の人々、ゲイ、レズビアンのような従属化された社会集団のメンバーは、オルタナティブな公共圏を作るほうが有利」であり、「これらの対抗公共性が支配的公共性における排除への返答として現れるかぎり、言説空間が拡大する助けになる」と主張する。（フレイザー、一九九七＝二〇〇三：一二三―一二四）

六、「感情公共性」と「変形力のある包摂」

すでに配慮されている強者＝マジョリティによる「信頼社会」を、いまだ配慮されていない弱者＝マイノリティの「弱さの絆」に基づくサバルタン対抗公共性で脱構築／再構築していくことが求められている。「熟議」に代わり、その鍵となるのが「感情公共性」（岡原、二〇一三年）である。

「感情公共性」とは、「生の多様性を理解しながら、同時に感情の自然性ではなく、その構築性（感情管理によって感情が作成されるということ）を前景化しつつも、構築するという作業への自らの関与を再帰的に提示する（下線引用者）」（ibid.: 94）ことである。

感情公共性は、対立を恐れずに感情を伝え合い、個々の当事者性を踏まえつつ相手に立ち会うところに現出する。これに対し、たんに感情を共有するだけの感情共同体は、対立を恐れ同一気分で群れるだけの集団となり、そこで現出するのは個々の当事者性の尊重ではなく、集団への同調と従属である。

（岡原、2013: 96）

「感情公共性が、感情共同体と異なるのは、感情経験への自由が担保されているとひとが感じるからであり、それが可能になる条件のひとつは、感情の構築性を了解した上で、その構築された感情を現に経験している主体の当事者性への敬意が示されるからだろう」（下線部引用者）」（ibid.: 95）と岡原は言う。

このような「当事者性への敬意」によって、共同体の成員はたんある「分かり合い」を超えた関係性に導かれる。岡原は、塩原（二〇一二年）を参照しつつ、それが、「自分と同じく傷つきやすい存在である他者へと想像力をひろげ、自分の価値観や態度を変えていくという模索」（ibid: 97）を通じての「変わり合い」であると主張する。

「変形力のある包摂」は、感覚をつうじて「分かり合う」だけでなく、感情を伝え合い、「変わり合う」

ことによって、その社会の成員の「関係の実質性」が更新され続けるところに現前する。そのようにしてオルタナティブな公共圏が色とりどりの小さな花として集まり、紫陽花のようにひとつの花としても咲き誇ること。「信頼社会」のオルタナティブをひとまずそのように表象しておくことにしたい。

七、〈信頼〉の本質主義と〈社会〉の「自律神話（autonomy myth）」を超えて

承認の位相における『肯定』のポリティクスはさまざまな差異の本質主義に疑問を呈することはない。…対照的に『変形』のポリティクスは、固定的アイデンティティと本質という発想そのものに疑問を呈することによって、カテゴリーを解体し攪乱しようとする。（下線引用者）（ヤング、二〇〇七＝二〇〇八：三七二）

もはやアイデンティティや人種のマジョリティが存在せず、大多数のそれはマイノリティとして存在するというハイパーカルチャラリズムの条件下では、……多様性は本質であり、貧困、失業、不確実、不安という物質的剝奪は、共有される経験である。（傍点原著者・下線引用者）［ibid.: 397］

問われるべきは、「信頼社会」という承認と肯定のポリティクスの前提にある〈信頼〉に対する本質主義である。そして、グローバル化と格差が拡大する現代社会において、多様性のなかで共有される経験とは、固定したアイデンティティや「絆」ではなく、貧困、失業、不確実、不安などの物質的剝奪ではないのか。

自分とともに他人も傷つく存在であること、そこからもたらされる省察のひとつに、あちら側にも自分が現在知らない、将来もけっして知り得ない他者が存在しており、その他者たちに私たち自身の生が依存しているということがある。誰か見知らぬ他者に私たちの生が根本的に依存していること、この条件は自分の意思で簡単に葬り去ることなどできない。どんなに自己の安全をはかろ

うとしても、この依存を消すことはできないのだ。（下線引用者）（バトラー、二〇〇四＝二〇〇七：四―五）

人にこのようなかたちの自律――社会が基本的・社会的ニーズに対処するという約束に裏打ちされた自律――を期待すること、これを万人の生得の権利とすべきだろう。この意味の自律は、本来あらゆる人が社会に依存すると認めている。生い立ちや環境に助けられて自分の才覚で自律できる人もいれば、不遇で何らかの社会的支援を必要とする人がいても当然とみなす。この自律は、貧困など、不平等に由来する制約から人を開放し、諦めずにすむ状況をもたらす概念となってこそ意義がある。私たちは、基本的ニーズへの対応は集団の責任であると理解し、自律を支えていかねばならない。（傍点原著者・下線引用者）（ファインマン、二〇〇四＝二〇〇九：二四）

マイノリティだけでなく、自ら自立していると観念する人びとも含めた我々すべてが心理的にも物理的にも互いに依存しており傷つきやすい存在である。「今日の正義は再配分と承認の両方を必要としている。」（フレイザー／ホネット、二〇〇三＝二〇一二：一〇）多様な生を棄損しない社会の実現のために、このフレイザーとホネットの論争の大前提を確認し、現実の資源の再配分にも含みこんだ正義の構想が求められている。

引用・参考文献

石川准（二〇〇四年）『見えないものと見えるもの――社交とアシストの障害学』医学書院

石原孝二（二〇一三年）「当事者研究とは何か――その理念と展開」石原孝二編『当事者研究の研究』医学書院

上野千鶴子・中西正司編（二〇〇八年）『ニーズ中心の福祉社会へ――当事者主権の次世代福祉戦略』医学書院

岡原正幸（二〇一三年）『感情資本主義に生まれて　感情と身体の新たな地平を模索する』慶応義塾大学出版会

塩原良和（二〇一二年）『ともに生きる・多民族・多文化社会における対話』弘文堂

ジーグムント・バウマン（二〇〇一＝二〇〇〇年）『リキッド・モダニティ――液状化する社会』大月書店

シャンタル・ムフ（一九九三＝一九九八年）『政治的なるものの再興』日本経済評論社
ジョック・ヤング（一九九九＝二〇〇七年）『排除型社会——後期近代における犯罪・雇用・差異』洛北出版
ジョック・ヤング（二〇〇七＝二〇〇八年）『後期近代の眩暈（めまい）排除から過剰包摂へ』青土社
ジュディス・バトラー（二〇〇四＝二〇〇七年）『生のあやうさ　哀悼と暴力の政治学』以文社
中西正司・上野千鶴子（二〇〇三年）『当事者主権』岩波新書
野崎泰伸（二〇一一年）『生を肯定する倫理へ——障害学の視点から』白澤社
真木悠介（一九七七年）『気流の鳴る音』筑摩書房
ナンシー・フレイザー（二〇〇三＝一九九七年）『中断された正義——「ポスト社会主義的」条件をめぐる批判的考察』御茶の水書房
ナンシー・フレイザー／アクセル・ホネット（二〇〇三＝二〇一二年）『再配分か承認か？　政治・哲学論争』法政大学出版局
マーサ・A・ファインマン（二〇〇四＝二〇〇九）『ケアの絆——自律神話を超えて』岩波書店
山岸俊男（一九九九）『安心社会から信頼社会へ』中公新書
ユルゲン・ハーバーマス（一九九〇＝一九九四）『〔第二版〕公共性の構造転換——市民社会の一カテゴリーについての探求』未来社

〈信頼と心理学〉

第五章　女性の財産犯にとっての信頼とは

藤野京子

はじめに

犯罪とは、社会で決めたきまりを守らない行為であって、社会を裏切る行為である。再犯予防といっても、犯罪に走る人が、実際に自身や自身の犯行をどのようにとらえているのかという実態をふまえないと、効果的な予防策は見えてこないであろう。

残念ながら、犯罪者も個々それぞれであり、一くくりにはできない。しかし、だからこそ、多様なとらえ方を検討することに意味があろう。この意図から、以下に、加害者臨床を行っている筆者がこれまで出会った受刑歴を有する女性財産犯のうち、匿名を条件に公開することに同意してくれた事例のいくつかを紹介したい。

一、家族を支える収入が得られなくなったので窃盗に走ったAさん

今回受刑に至った事件は、バックから財布を抜き取り、その中にあったクレジットカードを使って買い物をした件である。今回で受刑歴が二回目であるが、前回、受刑に至った事件も同種のものである。

前件については、孫ができたものの、その息子夫婦が離婚してしまい、息子では十分に孫の面倒を見られないことからAさんが主に面倒を見るようになり、その結果、家計を支えるのに十分な就労ができなくなったことをその動機として挙げている。夫は道楽者で、それを見て育った息子も夫同様に定職を持たず、前件当時、家計が窮迫していたと振り返る。盗ったカード

の使用が差し止められる前にできるだけ使っておこうと思って、日用品を買いだめした、と述べている。一方、今回の事件に関しては、就労先の気落ちした同僚を勇気づけようと思ったとして、盗ったカードを使ってプレゼントを購入している。このほか、家族に小遣いとして渡したかった、とも自供している。

Aさんはこれまでどのような人生を送ってきたのであろうか。両親は、Aさんの幼少期に離婚し、二人の兄は父に、本人は母に引き取られ、以降ほとんど兄弟と接触はない。母は病気がちなこともあって就労しなかったようで、離婚後間もなく再婚している。しかし、その継父は酒乱であり、母にもAさんにも暴力をふるったらしい。さらに、母は気づいていなかったであろうとしているが、中学時代からはこの継父から性的虐待も受けており、その結果、難聴になってしまったとAさんは述べている。経済的にも豊かでなく、高校の学費は自分で働いてまかなったとのことである。

おしゃべりが上手で、接客業を得意とするAさんは高卒後、バスガイドをしたこともあるが、二十歳前に結婚し、めでたく一児を儲けている。夫は、就労がなかなか続かず趣味人で金使いが荒く、夫の遊興費を含めて家族の生計をもっぱらAさんが稼いでいたようだが、身体的暴力、性的暴力に悩まされてきたAさんにとって、暴力的でない夫は「いい人」と映っている。ソープ嬢として荒稼ぎしたりしていたが、夫は職場への送迎をしてくれるなど、自分を支えてくれたと描写している。歳を取り、ソープ嬢として通用しなくなって以降も、雇い主が事務仕事などを回してくれて、それなりの収入を得ることができたと語っている。一方で、心的負荷がかかり過ぎたのか、パニック障害、過呼吸症候群などの身体症状が出現したり、鬱症状に悩まされたりした時期もある。しかし、自分がしっかりしないと家族がうまく回っていかないと気持ちを奮い立たせて、細かなことにはこだわらず、どうにか今日まで生活してきた様子である。このように、結婚後の生活もかなり大変であったと推察できる。しかし、Aさんに自身の人生曲線を描いてもらったところ、夫と一緒に生活していた時期が、他の時期に比べて、断トツに幸せな時期であると表現している。

上述のとおり、最初に事件を起こしたころ、Ａさんは、家族が期待するような収入を得られる状況になかった。家族に就労を促したり、緊縮を働きかけたりしたものの、家族は生活を改めようとはしなかったので、日々どのように乗り切ろうかと頭がいっぱいであったとＡさんは振り返る。荒稼ぎしていたころ、将来に備えて貯金しようと思ったことは全くなく、有り金は場当たり的に使い、随分と奢った生活を送っていた様子がうかがえる。先を見越して慎重に考えて行動するというよりも、直面することにその場その場で対応してきたようである。

頼ることができる実家のないＡさんは、前刑に至る前に、家計に窮して夫の親族に相談・援助を求めたそうである。しかし、夫の不就労についても、そもそもＡさんが甘やかすからだと責められるだけだった。そこで、犯罪に手を染めたと説明する。

前回刑務所を出所した後、Ａさんは離婚している。受刑を知った夫側の親族が、夫や子どもを犯罪者と一緒の籍に入れておくわけにはいかないと圧力をかけてきて、離婚させられてしまったと受け止めている。夫との感情のもつれからではないのに、とこの離婚に忸怩たる思いがある。

働くことは苦でないＡさんは、前回刑務所を出て以降、生活資金を得るために新たな職に就いたものの、それほど多くの収入が得られる状況にはなかった中、本件を起こしている。離婚して自分がいなくなった家族の生活ぶりが心配で、盗った金などは生活資金としてあげようと思っていたこと、落ち込んだ職場の同僚を見て、自分も精神状態が不安定になるし、その同僚が離婚しているなど自身の境遇と似ており、その気持ちがよくわかり、放っておけなかった、とその動機を語っている。困っている人を見ると、ついつい世話を焼いてしまう、と自己を評している。

このＡさんに、信頼や信用についての考えを尋ねた。「信じたいのに信頼・信用できずにきたモノや人」として、親や夫を挙げ、親や夫に裏切られてきたとしていた。病弱であった母を困らせるようなことをしてはいけないと自分を戒め、性虐待被害についても口を閉ざし、学費も自身で賄うなどしてきたAさんだが、心のどこかでは、母を頼り、助けてほしいと願っていたのであろう。また、夫や息子の無理難題をAさんが一手に引き受ける必要などないと傍からは見えるのだが、Aさんにとっては、こうやって助けることが家族であるととらえていたのであろう。しかも、夫は周囲から犯罪者が家族であることは許されないと説得され、結局Aさんを守ることなく離縁に至ったわけである。Aさんは、「自身が信頼・信用された経験」を挙げることができなかった。これほどまでに家族に尽くしてきても、結局、自分は家族から信頼・信用されていなかったととらえた結果なのであろう。

二、置き引きでパチンコ代を工面するBさん

Bさんは五十代半ばに初回受刑となり、六十代半ばの現在、三度目の受刑になっている。スーパーのカーゴにひっかけてあるバックからとる置き引き専門である。指紋を残さないように手袋をはめて行う。地元から離れたところに「よし、取りに行こう」という感じ、まさに獲物を捕らえに行くといった語り口で、自身の計画的犯行を説明する。

窃取した金はパチンコ代になる。退屈なとき、ゆっくり遊んじゃおう、といった感じでする。パチンコが健全でない遊びであるとの認識はあるものの、それに代わる趣味は見つけられていない。このほか、娘とのいさかいなどでむしゃくしゃするときも、うっぷん晴らしからパチンコをする。パチンコをしている最中は無心になれるらしい。

Bさんは地方で多子家庭の末っ子として生まれている。父親がBさんの就学前に他界し、母親も病弱であったことから、兄たちの仕送りなり生活保護を受けるなりで、ぎりぎりの生活をしてきたようで、中学卒業後は高校に進学せずに、地元で就労している。そして、その勤め先が倒産して以降、地元では職が見つからなかったことから、兄を頼って上京し、水商売をしていた際の客との間に娘ができたことを機に、二十歳代前

半にその客と結婚している。

この夫とは二十年近く連れ添ったが、突然行方を眩ませ、今日に至っている。夫は就労していたのでBさんは気づかなかったとしているのだが、パチンコ、競馬で失敗して、二、三十社に借金をし、その執拗な取り立てで離職を余儀なくされ、出奔に至ったととらえている。夫を探すことなく、二十年余りが経過しているが、結構、嘘をつかれていたといなくなってから気づいた、一緒に居ては落ち着いた生活が送れないと思って、少しずつ嫌いになっていった、とBさんは語るにとどめている。

夫が出ていった後、娘も高校を中退するなど生活が荒れたとして、娘は、父親に相当する人に認知してもらえないまま、一児の母になっている。そして、この娘は産後うつになり、その症状は一進一退を繰り返し、今日でも治療を続けている状態で、就労に耐えられず、生活保護で生活している。Bさんは、そのような娘を支え、孫の世話を一手に引き受けたとしている。まだ若くて元気でいられたので、孫に寂しい思いをさせずに済んでよかった、大変だったけれども楽しかった、だから、孫はババっこである、と満足気である。

パチンコは、最初、娘に誘われて行くようになったとし、孫が五歳くらいになり面倒をみるのが一段落したころから、一人でも行くようになっている。娘から孫の世話など助っ人を頼まれれば、パチンコをしていてもすぐにやめて飛んでいく一方、有り金をすべてパチンコに使ってしまっては、娘に借金してもいる。また、手元に少額のお金しかない場合、どうせこのお金しかないからやっちゃおうという感じで、パチンコをするとも言う。

働くことは嫌いでなく、刑務作業についても、余計なことを考えずに済む、一心不乱になれて悪くない、ととらえている。暇を作らないのがいいと知ってはいるが、年も年なので仕事もなく、かといって、あまり人づきあいも好きでないので、結果として暇を持て余す状態になりがちであるとして、前刑の釈放後、娘家族との同居から一人暮らしに移行して以来、再び本格的にパチンコを始めてしまっている。

同じ過ちを繰り返すBさんに対して、孫がBさんのことを話題にしてくれるなと言っているので、接触しないでほしいと、娘に言われている。Bさん自身も、孫が受験を控えており、刺激したくないと受け止めている。加えて、娘自身への連絡もできるだけ控えて欲しいとも言われている。それについても、自分のことで精神的負担がかかって不安定になってしまうなどで、娘の精神科の主治医と相談した結果であろう、と娘に理解を示している。そのように言ってはくるものの、どうしても支援が必要な時には仕方がないと引き受けてくれると、娘に感謝している。娘や孫の世話をするという任がなくなって、手持無沙汰を解消する手立てとしてギャンブル依存に陥り、それが犯罪の端緒となっているのだが、その犯罪ゆえに、さらに役割から遠ざけられるという現実に直面している。

このBさんに、正直であることや信用・信頼についての意見を求めた。自分が頼りにされて喜ばれていると感じ取れた時は、やはり嬉しい、としている。また、正直になれなかった出来事として、パチンコに行くために置き引きすることなど、沢山の隠し事を娘にしてきたことをあげ、「全部言ってしまうと、今後、娘との接点がもてなくなるのが恐かった」と正直になれなかった理由を語っている。そして、悪いことを隠し通せなかったため、結局は、娘にショックを与えてしまったとする一方で、隠せていた期間は、娘に嫌な思いをさせずに済んだとしている。

人前では笑顔をのぞかせることが多いBさんは、尋ねられたことに、てきぱきと返答する。物のどおりを理解しているような発言をするし、人への感謝も口にできる。上述のとおり、心身共に余裕のない生活を続けてきたと推測されるが、恨みがましく誰かを攻撃することもない。しかし、物事のとらえ方が、これはこれ、あれはあれ、と割り切ってとらえる傾向が顕著であり、体系的あるいは関連付けてとらえたりしない。そこで、犯罪行為自体への罪障感は強まらず、パチンコ代を稼ぐ手立てとして繰り返し行われたと見て取れる。夫と自身の失敗の共通点についての言及もない。

三、弱みを見せられずに転落したＣさん

五十代半ばのＣさんは、六年前に刑務所に入っており、今回で二回目の受刑である。

犯罪に手を染めるようになったのは、今から十年くらい前である。お金に窮しており、地元で気の弱そうに見える若い男性に、「ぶつかった」と因縁をつけ、「弁償しろ」と迫ったところすぐに金を出してきたので、「これでは、足りない。翌日、持ってこい」と言って待ち合わせたところを警察に捕まったのが最初の犯行である。この件は、執行猶予判決になったものの、新聞報道された。そこで、地元に居られなくなり、つてもないまま東京に迷い出た。住所不定なので定職にありつくこともできない。知り合った男性の世話になったりもしたが、結局お金に困ったとして、寝ている人のバックを盗るなどの置引きをしたところを捕まり、前刑に至っている。

初回逮捕で留置所に入れられたときは、おばや兄弟が面会に来たが、それ以降、親族に接触していない。前回、刑務所を出所後、会おうかとも考えたが、「もう少しきちんとしてからでないと」と思って、先延ばしにしたという。

前回、刑務所を出てからのＣさんは、あてがわれた居住地で就労にいそしみ、一人暮らしするための資金を溜めて、自活できるに至っている。実際、派遣職員として就労していたＣさんの働きぶりは良かった様子で、自活してしばらくすると、上司から、パート職員として推薦したいと言われている。しかし、こうした状況下、Ｃさんは再犯に至っている。パートとして推薦するにあたって、自身のことが調べられ、前科がばれるのではないか、そうしたら仕事をやめるはめになると絶望的な気分になって、再犯に至ったとその心境を語っている。

Ｃさんは、三十歳代半ばまではごく普通の社会人としての生活を送っていたと自身をとらえている。両親が小学校時代に離婚し、兄弟二人と共に母に引き取られて生活しているが、高校は、ワンランク下の学校だ

ったこともあって、成績も上位であったとしている。高校時代に簿記二級の資格をとり、転職歴はあるものの、最終的には大手の会社の事務職として就労の機会を得ている。

Cさんには婚歴がないが、それは長年交際していた相手と三十代半ばに急きょ別れることになってしまったかららしい。さらに、その一年後、それまでずっと同居していた母親が突然脳梗塞で亡くなってしまっている。このダブルパンチを受けて間もなくCさんは、うつ状態に陥り、以降、転落の途をたどっている。

職場は、Cさんを休職扱いにしてくれたが、医者に行っても、処方どおりに服薬せず、カウンセリングも適当に流していたと振り返る。そして、長く休んでしまったのに平気な顔で職場に戻るのは恰好悪い、戻っても以前のようには仕事ができないかもしれない、などと思って、結局、退職を選んだとしている。

元々友人は少なかったし、学生時代の友人などは結婚して生活のリズムなどが違い、三十代半ばには交流していなかった。さらに、上述のおばは、退職したことを批判してきた。そこで、新たな職が見つからず、生活に困窮してしまった際、Cさんの周りには、相談したり頼ったりできる人がおらず、こうした状況下、最初の犯行に至っている。生活保護などを考えなかったのかという問いに対しては、そうした発想はなかった、ただ、もしかすると、変なプライドが邪魔をしていたかもしれないと振り返る。自分には格好つけるところがある、頭では、それほど人が自分のことを気にしてなどいないとわかっていながらも、人にどう思われるかを気にしてしまうとのことである。また、自身のことを、「可愛げがない」「素直でない」「変わり者」と自嘲的ラベルづけをして、そのような振る舞いが様々な誤解を生み、一層不利な立場に自身を追いやっている現実に気づいていないわけではない。しかしその一方で、精一杯虚勢を張っていないと、自分の心が本当に萎えてダメになってしまうので、そうしているとも弁明する。生きていくことに価値を見出せず、薬をためて一気に飲めば死ねるかもと思ったこともあるらしいが、死ぬ勇気はないとして、自殺企図には至っていない。自分のことを「何やっているの、どうしようもない人間」と思う一方で、適当な対処策も見つからないことから、「しょうがない」「こんなになっちゃった」と思うにとどめていた、と自らを語る。

Ｃさんに、受刑に至った失敗の原因を尋ねると、信頼できる人がいなかったし、作らなかった結果、孤独な日々を送っていたことを挙げている。そして、自分の殻に閉じこもることなく、自らが心を開いて、人に信用されるよう努力して信頼関係を築くことを再犯しないための工夫や対策として挙げている。自身にとっての「よい社会生活」とはとの問いに、周囲の人との信頼関係を結べることとしている。「信頼」なり「信用」なりの言葉が頻発している。

ところで、このＣさんに信頼感（天貝、一九九七年）の程度を測定してみたところ、「他人への信頼」もさることならば、「自分への信頼」が低いことが明らかになった。Ｃさん自身、マイナス思考となりがちと自認しており、実際上述のとおり、一旦状況が悪くなって以降、なかなか立て直せずに来ている。もうだめだと思うと、気持ちが萎えてしまい、冷静に考えることができず、何もかもどうでも良くなってしまうようである。それは自分を信頼できないからこそなのであろう。

本件についても、まったくもって筋の通らない話である。発覚するかも未確定であるのに、発覚した際の最悪の状況にいるかのごとくに状況をとらえて行動してしまっている。知的に劣っているわけではなく、上述の職場から良く評価されたエピソードからも示唆されるとおり、心情が落ち着いていれば、社会の要請に応じた生産的な振る舞いができる人なのに、である。二人の大切な人を喪失して以来、Ｃさんは頑張る目標なり張り合いを失っていることも、投げやりになることに歯止めをきかせにくくなっているのであろう。そうしたＣさんにとって、執行猶予となった事件は、女性としてかなり荒手な犯行であるが、精一杯強がった行動と解釈できるかもしれない。

Ｃさんとのやりとりの中で、「一人は気楽だけど、この歳になると寂しいと思うようになってきた」との発言がポツンと出てきた。自信のなさを露呈させまいと警戒心から素直にサポートを求められないものの、自分でも自分のことを持て余しており、誰かにそのような自分をわかってほしい、そしてどうにかしてほしい、という気持ちが見え隠れしているように思われた。

四、安定した就労ができるまでと言い訳して万引するDさん

六十歳を間近に控えたDさんは四十代半ばから受刑するようになり、これまでに受刑歴が五回ある。高校時代はバレーボールで大会に出たこともあると満足のいく学生生活を送っていたことを物語る。また、高卒後、証券会社に二十年近く勤務したが、営業の仕事は面白かったとして、キャリアウーマンを目指し、就労に必要な資格取得にも意欲的だったと述べている。

しかし、会社の業績が悪くなってリストラされるに至り、以降、生活が崩れている。再就職しても、希望と違った職務内容なり雇用条件であったなどで、離職したり解雇に至ったりを繰り返す結果になったとしている。納得のいく就労ができていたころを振り返り、「つくづく会社に守られていたと感じる。働くことをごく当然のようにとらえて、安心して生活していた。だから、働いていない生活はものすごく不安で恐怖を感じる」と述べている。再就職先を解雇されてしまった際、八〇〜一〇〇万円程度の貯金はあったものの、貧乏になることが恐かったとして、実際に自殺企図もしている。

Dさんの受刑理由は毎度万引きであるが、このような状況下、万引きが始まっている。事件で逮捕されては裁判まで自宅待機になるなどして、働く意欲はあるけれども働けなくなったと言及している。繰り返し受刑していることを、デフレ・スパイラルの言葉をもじって、自分は「刑務所・スパイラルに陥っている」と描写している。高額な物とかは盗っていない、仕事がないから自分が食べる物位ならば許される、給料がもらえるまで、と言い訳していたと明かしている。

ところで、Dさんは、自身の再犯防止対策について、

どのように考えているのであろうか？　再発防止のためのプログラムへの参加を働きかけた際の彼女の反応は、「再発防止の対策を取る必要があるという主旨は理解できる。自分でも刑務所に行き来することをどこかで断ち切らなければならないと思ってはいる。でも、自分の犯罪について考えると気が重くなる」とし、「犯罪のことは恥ずかしいことなので、できれば触れられたくないし隠しておきたい。プログラムなどに参加して、他人に自分の気持ちをさらすのは辛い」と語っている。現状のままでは良くないと思いつつも、再発防止に向けて自主的にあれこれ思案せず、むしろそれについて考えることを避けてしまっており、現実を打開していくことへの支援に対しても逃げ腰である。

　高待遇を受けた経歴があるからといって、六十歳を目前に控えて、Ｄさんが思い描くような就労先がそう簡単に見つかるわけもない。思っている仕事とは違うかもしれないけれども、ともかく働いてみてはどうだろうと働きかけたところ、彼女は「刑務所に帰りたくなった」との言葉を発している。Ｄさんは、思ったような就労にありつけずに辛い思いをするくらいならば刑務所生活で構わない、ととらえているのである。たしかに、社会生活の中で就労できない現実に直面して非力な自分を意識させられるくらいならば、社会から隔絶されているがゆえに就労できない方が自分のプライドを傷つけずに済むということなのであろうか。

　Ｄさんは、二人姉妹だが、両親不仲で、母が妹を育て、父に引き取られた本人は、父方祖母に実質的には育てられている。祖母には大切に守られて生活していた様子を物語るが、Ｄさんの語りには、祖母以外の他者の話が一切出てこない。実際、順風満帆だった時代に祖母が他界して以降、気持ちを分かち合える他者などいないと認めている。

　一方、証券会社に勤めていたこともその一因ではあろうが、金銭関係の話題は繰り返し、しかも微に入り細に入り、延々と熱く語る。しかし、計画的支出についての話題が上ったことはない。ガーデニング、ペットの飼育、クッキング等趣味は多く、出費はどうしてもかさむようである。Ｄさんを守ってくれていた祖母が他界して以降、唯一信頼・信用できるのは金なのであろうか？　しかし、多くの趣味があるとしながらも、一方で趣味など到底できない受刑生活に戻ってもいいと言っていることからは、それらは自身の気持ちを盛り上げる手慰みと解釈することも可能と思われる。

このDさんに、どのような視点をふまえて行動を選ぶかを尋ねた。すると、自分にどのような影響があるかは考えるものの、自分の行為が世の中にどのような影響を及ぼすか、社会が自分のことをどうみなすかを考えることは全くないとはっきり答えてくれた。Dさんが社会の一構成員であるとの認識を全くと言ってよいほど持っていないことがうかがえよう。

五、オークション狂いで
会社の金を横領したEさん

Eさんは職場で会計の職に就いており、その職を利用して会社の金を横領したことで、初回受刑に至っている。監査などの際も通帳等の偽造が長年発覚されなかったので、実際の被害総額は一億円を超えているらしい。好きなブランドをオークションなどで手に入れる代金や、交際相手との旅行代金などに当てており、最終的に合算してみるとその程度の額になっていたらしいと説明する。

Eさんは、学校時代は明るく活発で人気者だったとし、高卒後、金融業界に就労している。そして、通勤中に毎日会う人に求婚され、親の反対を押し切って結婚し、二児を設けている。しかし、嫁ぎ先のつましい生活様式が実家での生活とあまりにかけ離れていて、その文化差は耐えがたかったとし、また、夫はまじめすぎてつまらない人でしかなかったと評して、子どもの就学前から不倫するようになっている。

Eさんは、子どもが成人になるのを待たずに、離婚に至っている。一人家を出て、その不倫相手と同棲している。まだ若いし、やり直しがきくと思っていたとのことである。ところで、Eさんとしては再婚するつもりで、相手には幾度となく入籍を働きかけたものの、結局、うやむやにされたままであったとのことである。

事件が発覚された際、Eさんの部屋はオークションで手に入れた洋服の山になっていた。当時は、身の回りとかに構っているといいと思って、そのために化粧品とかも高額なものを買っていた、などと振り返る。しかし、相手は、そのことについて一言も言わなかったとのことである。結局のところ、自分には興味がなかったのかも、と今になっては気づくと語っている。実際、Eさんの受刑が確定して以降、相手からの音信は途絶えている。

Eさんは、華やかな顔立ちであり、飾り映えのする人であることは間違いない。実際、Eさんは周囲からもおシャレであるとよく羨ましがられていたとして、そのことに悦に入っていた様子がうかがえる。一方、その語り口からは、それを不正な手立てで行っていることへの葛藤は見て取れない。

このEさんに、長年にわたって行っていた本件行為とは、職場の人の信頼や信用を欺き続けたものではないかと問いかけた。すると、Eさんは、真顔で反論してきた。信用されるべく仕事のノルマはしっかりと果たしてきた、時間外であっても職場の後輩と交流するなどそれなりに面倒も見てきた、などをその理由に挙げている。皮肉なことではあるが、このように振舞って信用されていたからこそ、この事件が長年発覚されなかったということも嘘ではない。

Eさんは、姉妹の中でも自分は大ざっぱな性格であったと評し、これまで人生について「どうにかなる」となめてきたと振り返る。本件についても、「発覚したら、死ねばいいやと高を括っていた。しかし、いざそれが現実になってみると、この世に未練があり、自殺などを試みることはなかった」と語っている。

長年就労してきたので、六十五歳を過ぎたEさんは年金の受給資格を有している。また、仕事嫌いではなく、今のところ体も悪くないので、新たに見つけた仕事について、前科がバレないようであれば続けるとしており、生活再建の資金は賄える状況にある。みじめな姿のままで、あの世には行きたくないようで、本人曰く、「死後の世界で、最低にならないように働いている」と説明する。

確かにEさんは、礼儀作法、対人折衝力など、社会適応に必要なスキルを身につけているからこそ、長年、就労を続けてこられたのであろう。また、複数の異性から好感をもたれるような魅力を有した人であることも間違いない。そして、前向きに生活再建を考えているEさんはある意味で意欲的と評価できよう。確かに過去にこだわったところで、過去を消すことはできない。しかし、被害弁償のことが気になったので、Eさんに、その計画を尋ねた。すると、それは弁護士に任せるつもりである、ただしさしあたっては、生活基盤がしっかりしなければ、返せるものも返せなくなるから、とあっさりと交わされた。居住先を見つけるにあたっても、さすがにこんなところでは気持ちよく住めないなどと選り好みして、切り詰めた生活をして、多少とも被害弁償の足しにしようとの構えは見て取れなかった。被害額が大きく、年齢も年齢なので完済を期待するのは現実的でない。したがって、多少の努力をしたところで、焼け石に水といった感も否めない。そうだとすると、Eさんの対処が現実即応的ということになるのであろうか。

まとめ

犯罪に走った当事者の視点から、自身や自身の犯罪をどのようにとらえているかを描写した。五人五様、それなりの経過から犯罪に至ったことが読み取れよう。ただし、共通するのは、いずれの者も、自発的には被害や被害者についての言及がなかったということである。傷害等のように人に直接的に乱暴な行為をするわけではない財産犯という事案の特性もあろうが、被害者に思いを巡らせてはいない。また、こうした行為が、我々の信頼し合って構築している社会をどのように脅かすことになるのかなどには全く頓着していない。同情すべき点はあるものの、自身の観点にのみとらわれて犯行に至っていると、読者には映ったに違いない。

しかし、こうした人達が現に存在している。そして、こうした人たちを放置しておくことは、さらに我々の生活を脅かすことを意味している。しかし、これまで見てきたように、罰を科せば、それで行為を改めるかというと、そうではないことも理解できたことであろう。むしろ、罰を与えること、排他していくことで、事態が悪化していくことも読み取れたことであろう。我々は、こうした現象にどのように向き合っていくのが適当なのか、色々と考えてほしい。

補遺　匿名を条件に公開に同意してくださった事例提供者に謝意を表します。なお、この事例収集にあたっては、平成十五年度～十七年度科学研究費補助金（基盤研究(C)）課題番号 15K04151 の助成を得ております。

引用文献

天貝由美子（一九九七年）「成人期から老年期に渡る信頼感の発達：家族および友人からのサポート感の影響」教育心理学研究、四五、七九―八六。

〈信頼と文学〉

第六章　歓待としての詩
――和合亮一の震災後の詩の営み

堀内　正規

詩はコミュニケーションの道具ではない。書き手は伝えるべき何かを持って言葉を選択し、読者が書かれた言葉を媒介としてその何かを読みとって理解する――そういうモデルは詩に当てはまらない。詩がおこなうことは多岐にわたるし、その一部として、メッセージを伝達する機能が入らないわけではないが、それは詩が詩であるための必要条件ではない。東日本大震災以後の和合亮一の詩作活動はしかし、そうした詩の前提を優先しない。むしろ積極的に詩を或る独特のコミュニケーションの媒体として、ある意味で粗暴なまでに用いることを選択してきたと言っていい。その始まりは最初の地震の直後、被災六日目からツイッターというコミュニケーション・メディアを通じて詩を〈発信〉し始めたという事情にあった。言い換えれば、東日本大震災あるいは象徴的に〈3・11〉と総称される、地震－津波－原発事故の複合体としての災厄が、否応なく詩に向かう和合の姿勢を変えることを強いたのである。この認識を前提として、私は二〇一六年に出版された詩集『昨日ヨリモ優シクナリタイ』がおこなっている独特の〈詩ならではのコミュニケーション〉、読者を「あなた」として迎え入れるような〈歓待としての詩〉の在り方について、明らかにしてみたい。

「僕はあなたです。あなたは僕です。」――この表現は二〇一一年三月十八日、『詩の礫』と題されることになるツイッター上の詩の営みの三日目に初めて現れる(37)。以降この一人称と二人称が等号で結ばれる形の文はしばしば、多少のヴァリエーションとともに繰り返し和合の詩作に登場するようになる。引き続き和合は「僕はあなたの心の中で言葉の前に座りたいのです。あなたに僕の心の中で言葉の前に座って欲しいのです。」と記しているが（37）、それはどういうことだろうか。

客観的に事実の世界において「僕」が「あなた」ではないことは殊更指摘するまでもないことだ。その上で「僕はあなたです。あなたは僕です。」と言わねばならない（どうしてもそう言いたい）差し迫った内的情況が、詩人の側にあったということとして、これを考える必要がある。ほんとうは「僕」は「あなた」ではない。それは単独な者どうしの間の差異を消去することだ。その差異の消去はなぜよしとされるのだろうか。この断言表現は普通にはなかなか書き得ないものだ。地震と津波の直後、余震の続くさなかで、放射能で周囲が汚染されているという自覚とともに、自らの死の可能性がひりひりと感じられる、そうした、被災者でない者には想像することさえ測り知れぬ困難な状況を、辛うじて想像しようと懸命に努めてみて、初めてその「内的情況」をおぼろげに推測することができるだろう。約一年後に出版された佐野眞との対談（『言葉に何ができるのか』）において和合は、当時、「原発でさらに大きな爆発が起きたら終わりなんだろうと、死を覚悟しました」（33）と言い、「本当にこのままで終わっていいのか」（34‐35）という激しい怒りがこみ上げてきた、「この思いをどうにかして残したい！」（35）と思ったと語っている。こうした和合の心的情況にどれほど読者として寄り添えるかどうかは、われわれ各自の置かれた状況によって変わってくる。私個人は被災者ではないために、この点で和合との間に隔たりがある。だが同じように被災した者、福島に生きていてふるさとを追われてしまった人ならば、ほとんど我がこととしてそれを感じることができるのだろう。

詩人と読者とのこの距離の問題が、そのまま「僕はあなたです。あなたは僕です。」という特異な文を考えるポイントになる。この読み手に宛てたメッセージをそのままに受けとめられる者は、和合の外的および心的な状況を、相当程度に共有している者である。二〇一一年三月十八日という発信当時で言えば、それは地震・津波・原発事故の被災者におそらく限定されるだろう。この問題は決して詩人の意図の問題ではなく、読者の反応の次元の問題として考えねばならない。引き続き語られる「僕はあなたの心の中で言葉の前に座りたいのです。あなたに僕の心の中で言葉の前に座って欲しいのです。」というメッセージの意味もまた、意図の解読としてではなく、どう読まれたときにその表現が実現したと評し得るのかという話として考えねばならない。

詩はコミュニケーションを第一としない文学表現であるとして、和合の『死の礫』は、活字媒体で出版された後は詩（詩集）として読まれ、それゆえに問題化されるが、ツイッターという媒体で発信されていたときには「詩としてどうなのか」ということが前景化されることはない。ツイッターが元来コミュニケーションのために存在しているからだ。徳間書店版の書籍『詩の礫』はその独特の発信の在り方をできるだけ追体験させるように、「フォロー」する受け手の言葉に対して応答する言葉をも含めて収録し、しかもコンピューター上もともとそうであったように、横組みで提示されている。この点に関して重要なことは、ツイッター一日目の冒頭付近（五つ目）で「ここまで私たちを痛めつける意味はあるのでしょうか。」(10)と書かれ、更に七つ目で「この震災は何を私たちに教えたいのか。」(11)と書かれるように、「私たち」という語が最初から現れているという事実である。ツイッターにおいて和合が震災を蒙った共同性を分かち合う者に向けて言葉を紡いでいることは明らかだ。「私たち」の一人として「私」（ないしは「僕」）と、語りかけられる相手としての「あなた」がある。

当たり前のことを手間をかけて確認しているようだが、このことはツイッターの言葉が詩集として出版され、いわば〈ひとり歩き〉するようになったあと、すなわち短期的即時的なコミュニケーションのループの外に表現が出て行ったあとには、〈読者をはじく〉機能を持つために、どうしても考えざるを得ない問題になる。私のような被災者でない者、その範囲は単に日本人という条件を超えて、世界中に生きる者ということになるが、そうした読者にとって、「僕はあなたです。あなたは僕です。」という言葉の、向かい合う二者関係は、「私たち」ならぬ「彼ら」の関係と映り、自らについては〈当事者性〉を持たない外部の存在として意識させられることになる。それはある意味で人間を被災者／非被災者に二分することだ。だがそれが和合の望みであるとは考えられない。ここから『昨日ヨリモ優シクナリタイ』に至る道は、まだ遠い。

『死の礫』に収録されたツイッターを引き継ぐ時期（二〇一一年四月十日から五月十七日）のツイッターの言葉を纏めた詩集が『詩の黙礼』であり、ここでは活字は縦に組まれ、『詩の礫』のように個々のツイートごとに発信の日時を入れて線によって区別するような形ではなく、ツイート同士の間に一行の空きを入れ、まさしく通常の詩集の形態に合わせて出版されている。ここでも「あなたは私です。私はあなたです。」という言葉が現れる。

> 街が、風が、あなたが、詩になる。
>
> つながって、一つの今日になる。
>
> この時、あなたは誰よりもあなたそのものです。それを信じて欲しい。
>
> この時、私は誰よりも私そのものです。それを信じて欲しい。
>
> あなたは私です。私はあなたです。(39)

この直前で「あなたから、宇宙から、祖先から、明日の夜明けから、一つの詩は始まっている。」(38)と記されているように、「街が、風が、あなたが、詩になる。」とは、まずそれぞれの存在や現象から「詩」を導き出すことができるという詩人の認識の表明であり、「詩」として実際に書かれたかどうかとは別に、潜在的な可能性としてすべてに「詩になる」ことができる力があることを示している。本当は「詩」を書くのは詩人（この場合は和合自身）であるが、和合はそれを超えて、普遍的に、世界には「詩になる」ことができるものやことが満ちていると言おうとしている。それゆえ世界が共同である以上は「詩になる」ものたちが「つながって……今日になる」ということが生起すると言えるのだ。「誰よりもあなたそのもの」、「誰よりも私そのもの」だと言うのは、各人がみな単独な生を営んでいることを意味するのだが、それならば「あなたは私です。私はあなたです。」という認識が成立しなくなる。それでも「あなたは私です。私はあなたです。」と言えるためには、「あなた」と「私」とが共通していなければならない。つまりそもそも「あなた」と「私」が〈被災した人間〉として同じで、共通しながら、さらに個体化されているそれぞれの人間のかけがえのない質が厳然として在る、とここで言われていることになる。

この〈それぞれ個別でありながら同じである〉という在り方が、和合の詩作のすべてに通底する認識である。それはいかにして確認されるか――そこに介在するものが「言葉」である。引用した箇所の少し前、和合は「言葉は、つながっています。」という一行を単独のツイートとして書いている(38)。ここでは「言葉は」と「つながっています」の間にあえて「、」を挿入していることが重要で、和合は「言葉」というものに読者の注意をはっきりと引きたいのである。何語であっても、和合のツイートが外国語に翻訳されたとしても、「言葉」すなわち言語記号というものは、本来どうしても「つながって」しまう特性を持っている。古代ギリシャのたった一行だけの、何の説明も得られない墓碑銘の言葉であっても、後の人間たちは、必ずそれを読みとったとき、意味を受けとめて、背後にあったであろうものを推測する。シュルレアリスムの詩でも自動記述でもノンセンス詩でも、言語記号が意味の次元を持つことを止めさせることはできない。意味はいつでも別の意味との連関の中にあり、受けとめる者の中で何かに「つながって」しまう。

『詩の礫』、『詩の黙礼』、さらには二〇一一年三月から二〇一二年三月までの一年間の詩を収めた『ふたたびの春に』の「あなた」という詩における「あなたは私です／私はあなたです」（102）においても、「あなた」とは被災者であり、非被災者は「私たち」には入れない点で変わらない。震災後三か月余りで出版された『詩の邂逅』はこの点で重要な示唆に富む。ここで言う「邂逅」とは、一義的には、和合が詩を書くためにインタビュー（対話）をした八名の被災者との出遭いを意味している。八つのパートは「邂逅Ⅰ」から「邂逅Ⅷ」までの詩とそれぞれの被災者と和合との「対話」によって構成されている。この書物においては、詩は対話した相手のことを「あなた」という主語を用いて語るものであり、それもまた〈対話〉の一貫であるとも言える。この場合、二人称の「あなた」は不特定の読者ではないために、読者は被災者であるなしに関わらず詩人（「わたし」）と「あなた」との向き合いの外に置かれることになる。そのことが『詩の礫』や『詩の黙礼』とは質的に異なる問題を提起することになる。つまり、「わたし」と「あなた」のコミュニケーションを読者が誰でも等しく外から眺める構造によって、新たな広がりが生まれているのだ。

この点で注目に値するのは、福島県立博物館学芸員の森幸彦との対話「邂逅Ⅵ」である。「邂逅Ⅵ」は四つのパートから成るが、その「2」と「3」において大変興味深いことが生起している。「2」は「そしてあなたは目覚める／自らを爆発させるかのようにして」（120）と始まるのだが、第二連の最終行「だから　あなたは思うのだ」に続けて、和合は第三連を一字下げにして、森幸彦の思考とも受け取られる詩行を記している。「わたし／わたくしはいったい／目覚めているの／世界にみなぎる／わたくしもまた／一つの始まりとなって／これらの／ものみな／すべての沸点に／わたくしもまた／参加しているの」（120‐121）――これは、森が男性であることと実際のインタビューでの言葉遣いを考えれば、たとえば「参加しているの」という

「わたくし」の女性的とも言える文体とはずれがあり、もしこれが「あなた」の「思う」内容であるとすると違和感が出る。そこに和合の戦略がある。インタビューには個体を超えて「命をつないできている」(130) 縄文時代以来の長い歴史が語られていて、この第三連がそことつながっているのは確かだが、それでもこの詩行は森との出遭いに触発された詩人和合自身の思考でもあるのだ。

この第三連の直後、字下げを元に戻して、

そうだよ
あなたとは
夜明けそのもの
あなたが覚醒すれば
燃えながら誕生するのだ
何億もの朝が

あなた
地球

とこの「2」の詩は終わる (121 - 122)。「あなたは思うのだ」の内容であるかのように導かれた「一つの始まり」についての「わたくし」の思いが書かれ、次の連の「そうだよ」は第三連への応答の言葉になっている。応答する者は誰だろう。普通に考えれば、森という人物の思考に対して和合という詩人が応答していると考えられるが、以下の詩行は、決してそのように読み解き得ないように書かれている。むしろ「そうだよ」と告げている者が森であるとも受けとめられるように見える。「あなた」と「わたし」が誰であるのかという限定が、限定から常に逃れ「つながって」しまう言語の表現によって、いわば開かれているのだと言える。「夜明けそのもの」である「あなた」とはもはや学芸員の森個人とは受けとめられないし、二行から成る最終連「あなた／地球」まで読み進めるとき、「あなた」は人間を超えた大きな存在へと移っていることに気づかされる、そういう書き方になっている。この場合「そうだよ」以下最後までの詩行は、無論直接的には和合自身の言葉であるが、同時に対話相手である森の考えに則って書かれ、どちらの思考であってもよい、あるいは両方の思考だとも読めてくる。ほぼ同じ連構造を持つ「3」でも同様のことが言え、そこでは第四連で「あなたとは／闇　そのもの」と記され、「あなたは誰／　／宇宙」と終わる（124）。締め括りの「4」の詩では、「あなた　宇宙のささやきを耳にしながら／／「復興」は求めない／「再生」を求める／ときっぱりと言った」（124－125）とあり、これは実際のインタビューで森が和合に語っている事柄と対応している。だから「邂逅Ⅵ」において、全体として見れば「あなた」は森という個人だが、途中（「2」と「3」）では或る被災者の想いとして「地球」や「宇宙」が「あなた」と呼ばれていることになる。同時にそれは森という個人を超えて、詩人和合自身の想いの表現にもなっている。重要なのは、「あなた」が「地球」や「宇宙」として呼びかけられるとき、読者はツイッター以来の和合の、緊密に被災者同士が結び合った一人称と二人称のループからは解放されているという点である。「わたし」が誰で「あなた」が誰かが不明瞭になりながら、コミュニケーションの、呼びかけ－応答の言語形式が表現としてそこに存在する。

　この和合独特の言葉の形が最もはっきりと打ち出されているのが、『昨日ヨリモ優シクナリタイ』のイントロダクションに当たる詩「もしもし」である。「もしもし」という電話の呼びかけの表現自体が最も直接なコミュニケーションの言葉であるにもかかわらず、この詩において「わたし」と「あなた」が何者であるかを判断できる情報は、意図的にほぼ与えられない。たとえば「もしもし。そちらのあなたへ。」と書かれた次の行から、「あなたは、あらゆるものを奪っていこうとしています。そのいくつかの約束の中には、もうかなえられないものがあります。それを思い出して、あなたはさらに時の山脈へと水路へと分け入っていきます。あなたはどのような相手と指切りをしたのですか。あなたは誰なのですか。／あなたは答えのない質問そのものです。」（6）と記されている。和合はこの「あなた」を意図的に不明の存在とするが、たとえば「あらゆるものを奪う」存在として想起されるのは（造物主的な）神であろう。しかし「答えのない質問そのもの」と言われれば、神とも言えなくなってくる。こんな風にさまざまな「あなた」が「こちらのあなた」、「そちらのあなた」として呼びかけられ、それが死者の霊であるように思える箇所もあれば、個を越えた大きな存在であるようにも思われる。次々に呼びかけられる「あなた」は同一の存在ではなく、また「こちら」と「そちら」が、たとえば現世と来世とか、歴史と永遠といった二項対立に収まるようにも読めない。そうした「あなた」への言葉のあとで、この詩に「わたし」が登場する。末尾はこのように終わる。「あなたを想うわたしです。／あなたはどうしてあなたなのですか。／あなたはあなたよりもあなたなのです。／あなた。／もしもし。／答えのない質問。」（9）もはやこの言葉の連なりはコミュニケーションではない。

この問題を考えるとき、二〇一二年七月に発表された詩「無人の思想」（詩集『廃炉詩篇』所収）の一節が重要な意味を持ってくる。そこで原発事故で無人となった村について、次のように記される。

ああ雉子の村の崩壊を引用するために
私は私の比喩となりたいに違いない
あなたはあなたの擬人であるに違いない
世界は世界の暗喩であるに違いない　（86）

「比喩」と「擬人」と「暗喩」に差異を認めるとしても、ここでの問題はその区別立てではない。個別に或いは単独に存在するはずの「私」と「あなた」は、詩において「引用」される次元においては、「比喩」となり「擬人」と成り得るし、そうなってよい。詩において「世界」は世界そのものではなく「世界の暗喩」と成らざるを得ないが、そうなってよい。和合はここでそのことを表明していることになる。このいわば粗暴とも言える境界の飛び越えの中に、和合の独自性が見られる。「もしもし」において「あなた」が特定されないままに束の間の限定を与えられつつ別な「あなた」に移ってゆくように、そして「あなた」は「私」であるならば「私」もまた個別的単独な「私」を超えて「比喩」のような存在の仕方をしてもよい。それは和合が他ならぬ詩人として震災後に掴みとった言葉の取り扱い方だった。

『昨日ヨリモ優シクナリタイ』においても、もちろん被災者の個としての単独性はゆるがせにはされない。詩「新聞」は「お墓にひなんします」という「遺書」を残して「自死」した女性の存在を、震災と原発事故を原因とした自殺者の統計的な記事と対比的に浮き彫りにして、「深い岩場で／ひげを動かさない／大きな海老のような心が住まう／孤島がある」と締め括られる（142－143）。つまり和合の詩において、ひとはまず「孤島」として在る。だが同時に被災者たちは被災した苦しみを持つという点で共同性を持っている。この点を扱った詩が「群れ」である。そこでは「いまこそ　孤独へと群れよ」という命令文で作品が終わる（73）。「孤独」であることを共通して持っている、苦しみの共同性。彼らは「孤独」である以上、本質的に「群れ」ることができない。詩の言葉においてのみ、「群れよ」という詩人の願いの表明によって、かろうじてその「群れ」は、可能性として実現する。

この「群れ」が詩として、詩の中で実現するためには、詩人が多くの他者をいわば代弁するかのように語ることができなければならない。詩「僕のなかには」が示しているのはそのことだ。「僕のなかにはたくさんの少年がいる／その一人はたくさんの虫を捕まえている／もう一人は複葉機のプラモデルを作り始めた／ある一人はハーモニカを吹いた」（52）と始まる四連から成る詩の最終連は「僕のなかにはたくさんの作業員がいる／その一人は製材作業員だ／もう一人は除染作業員だ／ある一人は事務作業員だ」となっている（53）。ここでは詩人の一人称「僕」は現実の和合亮一であるわけではなく、詩人のペルソナであり、詩的特権として語り手が誰にでも成り得るという、ホイットマンのような在り方をしている。

だがここで終わっていれば、実は『昨日ヨリモ優シクナリタイ』の到達点は以前の詩集を出ていないとも言える。ここで注目したいのは「夜空」と「あなたと」の二つの詩である。「夜空」は宮沢賢治の「銀河鉄道の夜」をベースにしたかのような作品で、その第二連は一字下げでこのような四行になっている。「流れる銀河　それを見上げて／無限の暗闇に／わたしとあなたは／一つの鉄の道を　確かめたい」(84)——四連から成る最後の連はやはり一字下げで「鉄路の先には／果てしない暗がりしかない／わたしたちは　めいめい浮かぶ光／孤独に広がってゆく夜空で待ち合せて」(85)と記されて終わる。第一連では「わたしたちは　それぞれが一個の星」と言われており(84)、必ずしもこの「夜空」の「待ち合せ」は死者となって魂であの世で会うということではない。というか、そうであってもよいが、そうでなくてもかまわない。むしろ、詩のテキストがほのめかすイメージの世界に、書き手(わたし)と読み手(あなた)とが双方から(「待ち合せて」)参入し合うという構造が、ここで提示されているのだ。

「あなたと」ではやはり鉄道にまつわる比喩として「駅」が登場する。「あなたと／わたしの／心に／誰も訪れない／駅があります／　／あなたも／わたしも／さびしい／だから／生きる意味を／たずねたいのです」(114-115)に続く第三連以降最後までを引く。

たたずんで
日が暮れて
夜更けになる

わたしの
心にある
無人の駅で
あなたを
待っている人がいます

わたしです(115)

この終わり方には一種の軽いめまいのような効果がある。「わたしの心にある無人の駅」という表現において「駅」は「わたし」の内部にあると解されるが、そこで「あなたを待っている人」が、「わたし」であるというとき、最後の「わたし」は「わたしの心」と言われるときの「わたし」ではなく、「わたし」の中の（もう一人の）「わたし」であるからだ。詩人和合亮一と読者「あなた」が出会うはずの（出会うべき）「無人の駅」とは、結局は詩のことだ。詩が、「さびしい」者同士が待ち合わせて出遭うための場（「駅」）になる、ということだ。

私はようやく冒頭で引いた『詩の礫』三月十八日の、「僕はあなたです。あなたは僕です。」に引き続く「僕はあなたの心の中で言葉の前に座りたいのです。あなたに僕の心の中で言葉の前に座って欲しいのです。」という言葉に、立ち戻ることができる。震災直後に自らの死を覚悟しながら綴った表現は、二〇一六年、五年後に或る詩的形象を定着させた。「心の中で言葉の前に座る」あるいは座り合うというイメージは、「駅」のような或る場で詩人と被災者とが待ち合わせて会うイメージになったのだ。それはしかし、『詩の邂逅』のように、特定の誰かと直接現実世界で対面して座り合うことではない。言葉は否応なく意味の次元によってひろがってつながる、という性質を想起すれば、詩人が詩という「駅」を作って会おうとする者は特定の個人ではなく、詩を読み、その場に心の中で入って行こうとするすべての者だと言うしかない。このとき、逸することのできない決定的なポイントは、詩のテキストが存在し、読者に読まれるときに、いつでも、どこでも、この出遭いは生起するという点なのだ。つまり、詩人（「わたし」）と読者（「あなた」）は、読むことで、読むたびに、出遭う。或いは読者がそのたびごとに「あなた」として迎え入れられ、詩人と対面する。それは一回性の、その都度の〈できごと〉として起こる。それが、「言葉は、つながっています」、「つながって一つの今日になる」ということの最も深い意味である。詩作は、和合という詩人による、いつか誰かと遭遇することを期待した、hospitality、歓待の営みなのである。

ここに〈できごととしての信頼〉の可能性を見ることができる。遭遇（あるいは「邂逅」）という一回ごとのできごとである以上、それは統計や人間一般ではなく、必ず書き手と読み手という〈個〉の通路を通る。

しかし「ことば」が持つ「つながる」（つながってしまう）構造は、「あなた」が誰であるかを限定しない。つまり「あなた」はほんとうには被災者である必要がない。たとえば『昨日ヨリモ優シクナリタイ』には、「あなた」が被災者であってもなくてもかまわない詩が見出される。「ささやき」はその代表である。「風が吹いてきて／あなたのことを探しています／心の風向きを変えたくて／はるかかなたの街から吹いてくる」(34)と始まるこの詩において、「あなた」とは不在の人、おそらくは死者である。最終連、「風が吹いてきて／あなたのことを探しています／ほんとうは風ではないのです／はるかかなたの雲からのささやき」(35)が示すのは、自分の身に感じられる「風」を、ひょっとしたら死者となった、愛するひとではないかと感じてしまうという、心の動きだろう。それは愛するひとを喪った人間ならばみな共有するような経験である。この詩では「あなた」が被災者であってもなくても、残された者（一人称の「わたし」に当たる者）が被災者であっても非被災者あっても、苦しみの共同性を分ち持つことができる。詩「恋愛」にも、「本棚」にも、同様のことが言える。

こうした、被災者を超える苦しみの共同性によって、個でありながら個を越えて詩において和合に〈迎え入れられる〉読書経験が、詩人和合が震災以降に練り上げてきた一つの到達点であるように、私には思われる。最後に詩「磨く」を見てみよう。全篇を引用する。

鏡を磨いているうちに　気がつくことがある
一人ぼっちの　果てしなさに
指先に　力を込めていると
鏡面は　とても澄んできて

汚れが落ちていく　写されている現在は
さらに新鮮になる　洗剤をつけて　拭く
清潔になっていく　寂しい　たたずまいがある
一個のあなたが　ゆるぎなく　目の前に立つ

あなたは　棄てられたのだ

手が震えてきた
一面を撫でる　指の腹が
その姿を　つかまえようとして

傷に気がつく　あなたの手が止まる
あなたも手が止まる　あなたは傷を愛する
あなたも傷を愛する　あなたは一人だ
あなたも一人だ　それは鏡に映らない　（20-24）

このきわめて優れた詩において、描かれているのは愛する者に先立たれ、自分が「棄てられた」と思ってしまう「寂しい」人間である。鏡面の上の「傷」は無論心の傷だ。磨いても磨いても「一人ぼっちの　果てしなさ」に捕えられてどうしようもないが、「傷」が愛する者の死によってもたらされたものならば、残された者はその「傷」を決して消したいとは願わない。いま「傷」があることが、かつて愛し愛されたかけがえのないひとが自分の傍らにいたことの証であるからだ。だから「あなたは傷を愛する」。

この詩が優れているのは、そうした苦しみの経験はすべて単独なものでありながら、同時に共通性を持っていることを、最終連の言葉の運動そのものによって表現し切っているからだ。この最終連において「あなたの手が止まる」に続く行に「あなたも手が止まる」とあり、また「あなたは傷を愛する」のすぐ次に「あなたも傷を愛する」とあり、また「あなたは一人だ」のあとに「あなたも一人だ」とあるのは、なぜだろう。もちろん、鏡面を必死に磨いているひとは孤独に「一人」でいるが、そのようなひとはほかにもいるからだ。と言うよりも、この詩を読んでいる読者もまた、もしも同様の経験をしていたとしたら、やはり「手が止ま」り、「傷を愛」し、「一人」であるのだから、「は」で受けられる主語の「あなた」がたとえば被災者であるとしても、「も」で受けられるもう一人の「あなた」は、非被災者である読者たる私（たち）である（あり得てよい）からだ。和合はこの詩において、読者を「あなたも」という表現によって詩という「駅」に招き入れ、応接している。招かれて読者が詩の中の「あなた」に成ることも、また詩の中の「わたし」に成ることもある。それが「わたしはあなたです。あなたはわたしです。」という一見矛盾した表現の文を支える構造であり、意味である。そしてそれが、和合ならではの詩による独特のコミュニケーションの形なのである。和合は読者を信頼してそれを実践する。読者が和合を信頼できるならそこにそれが成立する。


引用文献（引用頁を括弧内にアラビア数字で示した）

和合亮一『詩の礫』徳間書店、二〇一一年。

——。『詩の黙礼』新潮社、二〇一一年。

——。『詩の邂逅』朝日新聞出版、二〇一一年。

——。『ふたたびの春に』祥伝社、二〇一二年。

——。『廃炉詩篇』思潮社、二〇一三年。

——。『昨日ヨリモ優シクナリタイ』徳間書店、二〇一六年。

佐野眞一、和合亮一『言葉に何ができるのか　３・11を超えて——』徳間書店、二〇一二年。

第七章　クリスタ・ヴォルフの『天使の街もしくはフロイト博士のコート』について

松永　美穂

一、現代史のなかで翻弄される作家
――クリスタ・ヴォルフの場合

二〇世紀のドイツ文学史において、作家が戦争などの大きな事件に翻弄され、そのことが作家の生涯にも作品にも影響を及ぼした例は枚挙にいとまがない。二〇世紀前半、ことにナチ時代には、多くの作家たちがドイツ語圏を去って亡命生活に入った。ナチ体制が崩壊し、第二次世界大戦が終了した後も、亡命した作家たちは全員が速やかに帰国したわけではなく、亡命先にとどまった者も少なくなかった。壮絶な迫害を経験したユダヤ系の人々にとっては、トラウマのために帰国が容易でない場合もあったし、人種にかかわらず亡命先で新しい人間関係が生まれ、そこに定住するケースもあった。

戦後のドイツではさらに、連合軍の占領政策における米ソの対立が顕著となり、一九四八年にはソ連によるベルリン封鎖が起こり、一九四九年には東西ドイツ国家が分裂してスタートすることとなった。そのなかで、特に東ドイツにおいては、出版における検閲を始めとして、芸術家・知識人に対する締め付けが次第に厳しくなっていく。ファシズムを克服したはずの社会主義国家で、全体主義が別の形で人々を抑圧していく。言語表現に対する弾圧は、東ドイツで創作する作家たちにとって死活問題となり、多くの作家が西ドイツに移住する原因ともなる。

そのような国家体制のもとで、何を書き、何を伝えようとするのか。また、作家は何に信頼し、作品を発表していくのか。拙論では一九二九年に生まれ、二〇一一年に没したクリスタ・ヴォルフという女性作家にスポットを当てて考えていきたい。

クリスタ・ヴォルフ（旧姓イーレンフェルト）はドイツ東部（プロイセン州）のランツベルクという都市で、食料品店を営む夫婦の長女として生まれた。この都市は現在はポーランドにあり、ゴジュフ・ヴィエルコポルスという名前になっている。ドイツで出版された写真とテクスト入りの伝記（*Christa Wolf. Eine Biographie in Bildern und Testen.* Luchterhand, 2004）には、生まれたばかりのクリスタを抱く両親の写真のほか、キュストリーナー通りの角にあった食料品店の写真や、数々の家族写真が収められている。店の構えから推測するに、暮らしぶりは悪くなかったようだ。（これらの写真は一九四五年一月に家族がソ連軍を避けてランツベルクから西に向かった折に持ち出され、失われずに済んだものだろう。ヴォルフとは二歳違いのギュンター・グラスは同じくドイツ東部にあったダンツィヒ（現在はポーランドのグダニスク）の出身で、両親はやはり食料品店を営んでいたが、彼の場合、子ども時代の写真はほとんど残っていないようだ。）

前掲の伝記で紹介されるランツベルクでの写真は、一九四三年の堅信礼まで。戦争末期と終戦直後の混乱を経て、次の写真は一九四七年となる。十八歳になった彼女の、意志の強そうな表情をしたポートレート。笑顔の家族写真。そして、高校でのパーティー。クリスタ・イーレンフェルトは大学入学資格を得、一九五一年にはイエナで大学に通いながらゲルハルト・ヴォルフと結婚している。卒業後は東ドイツの作家同盟で働き、雑誌「新ドイツ文学」の編集にも従事。一九五九年に『モスクワ物語』（*Moskauer Novelle*）で作家デビュー。一九六三年には『引き裂かれた空』（*Der geteilte Himmel*）で注目を集め、ハインリヒ・マン賞や東ドイツの国家賞を受賞して、知名度がぐんと上がる。SED（ドイツ社会主義統一党）の中央委員候補になって政治的にも重用され、一気に国家の中枢に近づくが、一九六五年の中央委員会で政府の文化政策に反対の発言をしたあたりからは、むしろ反体制作家としての烙印を押され、冷遇されるようになっていく。

『引き裂かれた空』の主人公リタが婚約者と別れても東ドイツにとどまる決心をするのに比べ、一九六八年に発表された『クリスタ・Ｔの追想』（*Nachdenken über Christa T.*）の主人公クリスタは東ドイツで満たされない日々を過ごし、すでに故人となっている。この二作のトーンの違いが作者の心情をも反映するかのようだが、東ドイツでは出版が少部数に抑えられた『クリスタ・Ｔの追想』は西側諸国では逆に評判となり、ヴォルフは外国での朗読旅行（たとえば一九六九年のスウェーデン旅行）などにも招かれるようになる。一九七六年には、ポーランド領となった故郷への里帰り旅行を中心に据えつつナチ時代の記憶と対峙する自伝的小説『幼年期の構図』（*Kindheitsmuster*）を発表。その後、一九八二年にはギリシャ旅行をきっかけに執筆した『カッサンドラ』（*Kassandra*）、『物語の前提（邦題はギリシャへの旅）』（*Voraussetzungen einer Erzählung*）が、執筆時点での東西冷戦における緊張の高まりに言及して話題になるなど、ヴォルフの名は新刊が出るたびに東西ドイツの書評欄を賑わせてきた。

東欧の民主化要求運動の波が東ドイツにも押し寄せ、一九八九年にベルリンの壁が崩壊した際には、ヴォルフは社会主義政治の改革を呼びかけるオピニオンリーダーとなっていた。しかし、翌年東ドイツで行われた初の自由選挙では西ドイツの与党であるＣＤＵが大勝し、東西ドイツ統一の流れ、つまりは資本主義への流れが加速してしまう。統一直前の七月に出版した『残るものは何か』（*Was bleibt*）で、ヴォルフは東ドイツで秘密警察の監視下にあった日々を振り返ったが、このタイミングでの発表が西側の批評家たちのあいだで大論争を巻き起こし、ヴォルフへのバッシングにつながっていく。この論争についてのコメントはトーマス・アンツの手で一冊の本にまとめられ、西の批評家たちが使い道のなくなった東の反体制作家を叩くことで自分たちの優位を示そうとしているのだ、と分析された(1)。一九九三年、秘密警察の文書が公開されるにあたり、ヴォルフが一九五九〜六二年頃に秘密警察に協力していたことも人々の知るところとなる。（彼女はそのことをまず自ら公表するが、それに関連して続々と批判的な記事が出された。）このころ、ヴォルフ自身はロサンジェルスのゲッティ・センターに滞在していた。

その後、亡くなるまでの十八年間は、統一ドイツのなかで、ヴォルフが少しずつ復権していく期間でもあった。一九九六年には『メディア　声たち』（*Medea, Stimmen*）でギリシャ悲劇の主人公メディアをとりあげ、夫への腹いせに自分の子どもを殺す残虐な母としての従来の（エウリピデス以来の）メディア像を、人々の心ない風評によって無実の罪をきせられた異邦人の女性に変換してみせる。二〇〇二年、ドイツ書籍賞を受賞。そして、統一や一連のバッシングから二十年経って当時の日々を振り返った『天使の街もしくはフロイト博士のコート』（*Stadt der Engel*）（以下、『天使の街』と略記）が、二〇一〇年に出版される。この作品が、ヴォルフの最後の長編小説となった。

歴史に翻弄され、作家のキャリアのなかで激しい浮き沈みを経験したヴォルフ。彼女は、最後にどのようなメッセージを読者に送ろうとしたのだろうか。

二、『天使の街』という作品

a　二人称で過去を語る
――『幼年期の構図』との共通点

作品を繙いてすぐに気づくのは、この小説が語り手の「わたし」の回想をモザイクのように組み合わせて構成されていることだ。第二次世界大戦後のドイツ語圏の小説では、過去の記憶との向き合い方が絶えず問題になってきた。「過去の克服」「過去の清算」が謳われるなかで、「過去は死んでいない。それは過ぎ去ってすらいない（Das Vergangene ist nicht tot; es ist nicht einmal vergangen.）」という有名な出だしでヴォルフが『幼年期の構図』を発表したのは、前述のように一九七六年、戦後すでに三十年が経過したときだ。この本でヴォルフがモットーとして掲げるパブロ・ネルーダの詩には「わたしだったあの子どもはどこにいるのだろう／まだわたしのなかにいるのか、それとも去っていったのか?」という言葉がある。戦後、「あれは対ファシズムの戦争だった」という社会主義の公式見解を刷り込まれたに違いないヴォルフが、その戦争のなかでの自分と家族の位置づけを問い直す問題作。記憶のなかにある「自分」の姿を数十年の隔たりから見出そうとするこの作品に対して、東ドイツでは発表当初、否定的な見解も多く出された。

ヴォルフは『幼年期の構図』で、一九七一年に弟とともに故郷に里帰りした体験をもとに、語り手が二人称で呼びかける人物（ヴォルフ自身に非常に近い）を造型し、その故郷で過ごした子ども時代の自分には「ネリー」という名をつけ、三人称で語っている。つまり、一九二九年から一九四七年頃までの遠い記憶は三人称で掘り起こされ、一九七一年から執筆時までの記憶は二人称で語られるという構造になっており、背後に隠された一人称は小説の一番最後（五三〇～五三一ページ）にようやく顔を覗かせる。過去の自分に対する語り手の違和感が作為的な人称の区別によって明らかになると同時に、ヴォルフが書きたかったのはベタな自伝ではなく、人工的な語りのレベルの設定によって語りの自由を確保した内省的・思索的な小説だったことがわかる。これは当時、西側でも見られた「主観性」を重んじる文学の潮流に乗ったものでもあった。

二〇一〇年の『天使の街』で、ヴォルフはふたたびその手法を使っている。今回は三人称はなく、一九九二年に「センター」[2]に行ったときから執筆時点までの記憶が一人称、それ以前が二人称で語られるという大まかな区別になっている。『幼年期の構図』が一九四七年の、敗戦後の混乱がほぼ収束する時期までを描いていたとすれば、『天使の街』はそれ以降の、たとえば一九五三年の労働者の大規模なストライキ（ソ連軍の介入で武力鎮圧される）、成人してからの仕事でソ連に行ったときのこと、作家になってからの政府による弾圧の話などを扱っている。ある意味、『幼年期の構図』の続編ともいえるが、ここでは青壮年期の長期にわたる記憶が、歴史的事件との関わりを想起する形で断片的に開示されていく。

「思い出す」きっかけが、往々にして「移動」にあることは興味深い。『幼年期の構図』ではポーランド旅行。『天使の街』ではアメリカ（ロサンジェルス／サンタ・モニカ）滞在。『天使の街』は、一人称の語り手が空港に到着する場面から始まっている。「天使の街」と称される土地に、空から舞い降りる自分。空港で提示する古い（東ドイツ国籍の）パスポート。期限はまだ有効だが、東ドイツという国はすでに消滅していることについての、皮肉な考察。作品の最後も、友人のアンジェリーナとともにロサンジェルス上空を飛ぶ話で終わっている。

　そのなかで、一人称から二人称への移行はやや唐突に起こっている。二二ページで、「センター」に滞在する各国の人々とともに、ラウンジで新聞を読んでいたときのこと。各国語の新聞が揃えてあり、「わたし」はもちろんドイツの新聞を読む。そこには、かつて東ドイツから西ドイツに移住した同僚が、統一まで東ドイツにとどまっていた人々を厳しく批判している記事が載っている。そのことから、「わたし」の記憶は一九八九年へと跳び、アレクサンダー広場での大集会があった一一月四日に戻ってくるが、ここで「わたし」が「あなた」に移行する。

> わたしは思い出した——そしていまでも思い出す——一九八九年一一月四日の朝、「暴力はいけない！」と書かれたオレンジ色の肩章をつけた上機嫌の警備係たちが、アレクサンダー広場の周辺でこちらに向かって歩いてきたときの、あなたの安堵を。（傍点筆者）[3]

一つの文のなかで一人の人物が「わたし」と「あなた」に分裂して向き合うかのようなこの奇妙な文章のあと、当時の回想シーンが二人称で約二ページ続く。「センター」での記憶（当初から執筆の対象とすることを想定してメモを残していたこともあり、かなり鮮やかな記憶である）からそれ以前の記憶への跳躍はその後もくりかえされるが、「思い出す」という行為そのものについての言及も多い。たとえば「わたしは、あの当時を語ることについての、自分でもよく理解できない嫌悪感を克服した」（25）というように。「いくつもの記憶の束があるが、感覚の記憶は最も長く持続し、信用できるものだ」（43）という記述もある。また、しばしば「頭のなかの録音テープ」が話題になる。（「そうやって頭のなかの録音テープにスイッチが入る」（50）。）想起するのは自分でありながら、記憶のスイッチはむしろ他からの刺激で入っていく。ギュンター・グラスも自伝的小説『玉ねぎの皮をむきながら』（*Beim Häuten der Zwiebel*）（二〇〇六年）において、記憶の不随意性と、それをつかみとることの難しさに触れつつ、ナチ時代の自分を振り返っていた。『玉ねぎの皮をむきながら』では、主人公に関して一人称と三人称が混在している。過去の自分を一人称で呼ぶことの困難は、グラスも認めるところだ。あえて一人称に踏みとどまろうと試みつつ、武装親衛隊に属していた過去をさらりと語ってセンセーションを（よくも悪くも）巻き起こしたこの作品は、ヴォルフにとっては示唆に富むものだったのではないだろうか。

b　内省と自己弁護――誰に何を語るのか？

一九九三年一月二十一日付けのベルリン新聞での告白に端を発したクリスタ・ヴォルフのＩＭ（東独秘密警察への非公式協力者）騒ぎは、その年のうちに書籍としてまとめられている。秘密警察のファイルが閲覧可能になったことで、ＩＭ歴のある有名人についての報道が過熱することを察知したヴォルフは、あらかじめ自らのＩＭ歴を公表した。翌日には各新聞がそれに反応し、たくさんのコメントが出て大騒ぎとなった。

ヘルマン・ヴィンケによって編集され、『書類閲覧クリスタ・ヴォルフ』（*Akteneinsicht Christa Wolf*）（以下『書類閲覧』と略記）というタイトルのもとに出版された本には、それらの新聞報道のほかに、ヴォルフが文学者や関係者と交わした書簡（そのなかには二〇一二年から二〇一七年までドイツ大統領であったヨアヒム・ガウクと交わしたものも含まれている。ガウクは当時、秘密警察関連の文書を管轄する委員会の長であった）、報道後一週間以内にサンタ・モニカで行われたヴォルフへのインタビュー、対談などが収められている。また、何よりも秘密警察にあった書類そのものが、八十頁にわたって公開されている。IMだったという事実だけが強調されて一人歩きすることがないよう、その実態を示し、読者の判断を仰ごうとする目的だ。結果、この本は一九九三年当時の雰囲気やマスコミの報道姿勢を知る格好の資料集ともなっている。

本書に入っているギュンター・ガウスとの対談のタイトルは、「自分にこだわる(Auf mir bestehen)」(4)。ギュンター・ガウスはヴォルフと同年生まれの左翼系ジャーナリストで、SPD(ドイツ社民党)選出の政治家として活動したこともある。ただ、ガウスの活躍の舞台は戦後の西ドイツだった。二人の対談では、同世代としての共通体験が話題になっている。たとえば、一九四五年の夏は、「飛行機が頭上を飛んでももう地下室に避難する必要がなかった」ことで、ヴォルフにとっても「甘美な思い出」となっているかどうか、とガウスは問う。自分と同じような強い「平和の実感」をヴォルフも持っていたのかどうか。これに対し、ヴォルフは戦争末期に何度も連合軍機の低空飛行による機銃掃射を経験したと述べ、五月八日以降その心配がなくなったことで「平和の実感」はあったものの、避難民としての困難な生活はまだ続いていたので、一九四五年の夏が甘美な思い出になるにはいたらなかった、と述べる(245)。生きるための困難を感じなくなったのは一九四七年にテューリンゲンで高校に通い始めたころだった、という話は、『幼年期の構図』がその時点で終わっていることをあらためて想起させる。

ヴォルフは自分が他者の期待に積極的に応えようとするあまり、秘密警察に協力する結果になってしまったのだ、と自己分析し、「なぜ東ドイツの旗のもとにとどまったのか」というガウスの問いに対しては、「とどまりはしたが自分たちはすぐに裏切り分子と見なされるようになった」と、体制との蜜月が非常に短かったことを強調している(249)。なぜ東ドイツにとどまったのか、「それについてもちろん自分は書かなくてはならない」とヴォルフは言う。「三年来、ほんとうに休みなく、昼も夜もそれについて考え続けている」とも(249)。『天使の街』は、その後さらに一七年間考えて、ヴォルフが出した答えだと言えるかもしれない。ただし、『天使の街』でヴォルフが自分に突きつける問いは、より複合的なものだ。言い換えれば、そこで出される問いは、なぜ東ドイツにとどまったのか、ということよりも、東ドイツをどう生きたか――そもそも自分の生をどう生きたか――を、東ドイツの四十年の歴史を挟み、その前後をさらに二十年ずつ生きた記憶から掘り起こそうとするものなのだ。

一方、『書類閲覧』におけるガウスとの対談では、秘密警察のことだけではなく、「なぜ自分たちの体験は次の世代に伝わっていかないのか」が話題になっている。「わたしたちの世代から学べることがいくつかあるのではないかと思うのです。摸倣するという意味ではなく、やらなくてもいいことをそこから学ぶという意味で」(246)。「ええ、そうなったら何らかの意味があると思うのですが、目下のところ、そういうことも拒否されているようです。いまはもう、そんな事態も何となく受け入れられるようになっています。若い人たちはほんとうに、彼ら独自の体験をしているのがわかりますから。彼らはわたしたちより、わたしより、愚かというわけではありません」(246)。

一九九三年のこの対談の時点においては、ヴォルフは体験を伝えることに意味があると考えているものの、読者の側にはそうした欲求がないことも感じている。この時点はある意味、ヴォルフに対するマスコミのバッシングが、一九九〇年の『残るものは何か』の出版時と並んでもっとも厳しかった時期だ。もはやオピニオンリーダーでも求められる作家でもなくなったことに、ヴォルフ自身が戸惑っているように見える。もちろん、一九九〇年にも一九九三年にもヴォルフに理解を示し、彼女の側に立った知識人は数多く存在し、ガウス自身もそのような立場を取ってはいる。ヴォルフは東ドイツという国の歴史が検証される際の、議論の分水嶺の役割を演じることになってしまったかのようだった。そのことから立ち直り、自らの視点で過去を検証する小説が書けるまでに、ある程度の時間と彼女自身の心の回復が必要であったことは想像に難くない。

c　カリフォルニアという土地

『天使の街』は、「センター」に滞在していた数か月の思い出を通して、東ドイツでの過去を透かし見る構造になっている。絶えず差し挟まれるカリフォルニアでのエピソードは、その土地の光の明るさも相俟って、どことなく陽気なニュアンスを帯びている。ドイツではネオナチが台頭し、難民宿舎が襲撃され、ヴォルフ自身のＩＭ事件が取り沙汰されるなど、暗めのニュースが多いなか、アメリカもけっしていいことずくめではないのだが、多国籍の知識人たちのあいだに一時滞在する旅人の気楽さ、屈託のなさも、語り手の「わたし」からはうかがえる。オープンマインドな人々に囲まれ、保護され、よき話し相手（ペーター・グートマン）と出会い…というポジティブな体験が一方にあり、ドイツでの苦難の日々の記憶が暗すぎるものになることを防いでいる。舞台をカリフォルニアに設定したことは、成功しているといえるだろう。

ヴォルフはこの作品のなかで過去に別の光を当て、知られざる過去を読者の前に開陳しようとするのだが、過去のできごとはもう変更できないのに対して、カリフォルニアでのできごとは滞在当時の「わたし」にとってはすべてが新しく、現在と未来に結びついている。そんなわけで、「わたし」は新しく知り合った人々と、オーストリア出身のユダヤ系建築家リチャード・ノイトラがロサンジェルス周辺に建てた住宅を見に行ったり、ナチ政権を逃れてカリフォルニアまで来たドイツ人亡命者たちの足跡を辿ったりする。そして、ドイツを離れてカリフォルニアに滞在する自分を、亡命者の系譜に連ねて考えたりもする。

『天使の街』では、随所に大文字で書かれたフレーズが挟み込まれる。これらの言葉は、サンタ・モニカ滞在中に「わたし」の脳裏に浮かび、キーワードとしてタイプされたものだ。たとえば冒頭には、AUS ALLEN HIMMELN STÜRZEN というフレーズが出てくる。これは通常、「びっくり仰天する」という意味で使われるが、直訳すれば「空から転げ落ちる」となり、ここではちょうどロサンジェルス空港への着陸と結びつけて語られているので、そちらの訳の方がいいかもしれない。

こうした短いフレーズは、話題を転換したり、話の核心に切り込んだりする際のきっかけとなり、作品のなかの仕切り板の役割を果たしている。（そもそも、四一四ページに及ぶこの小説には章分けがなされていない。）たとえるならば新聞のヘッドラインのような効果があるかもしれない。NOCH EINMAL DAS UNTERSTE NACH OBEN KEHREN（もう一度、一番下にあるものが上になるようにひっくり返す）（96）、ALSO WEM KONNTE ICH DIE GESCHICHTE ERZÄHLEN（それではわたしは誰にその話ができたのか）（178）、JEDE ZEILE, DIE ICH JETZT SCHREIBE, WIRD GEGEN MICH VERWENDET WERDEN（わたしがこれから書く文章は、その一行一行がわたしに反対するために使われるだろう）（232）など、前後を一行ずつ空けた大文字のフレーズはページのなかで目につくし、内容（当然ながら「書くこと」「語ること」についての考察が多い）もセンセーショナルだ。こうした大文字のフレーズによって中断されることで、本文のテクストはより重層的になっている。

三、作品はどのように受けとめられたのか？

クリスタ・ヴォルフの最新作は、二〇一〇年六月の発表直後、次々と主要新聞の書評欄でとりあげられ、論じられるところとなった。そこには、いくつかの共通した指摘が見られる。

まず、この作品をRomanというジャンルに分類するのは無理があるということ。『天使の街』のカバーには「クリスタ・ヴォルフの新しい偉大な長編小説（Der neue große Roman von Christa Wolf）」という宣伝文句が躍っている。Romanという単語は長編小説を指し、フィクションであることを前提としている。さらに、本書には先にも述べたように、「この本の登場人物は、歴史上の人物を除いてすべて語り手の創作である」という断り書きがつけられている。用心深く「虚構」という防護柵を張り巡らしたヴォルフだが、批評家たちは「これは長編小説ではなく、むしろ徹底してコメントをかぶせられた現実描写だ」（アルノ・

ヴィルトマン、「フランクフルター・ルントシャウ」紙、二〇一〇年六月十四日）、「この本に感動することはできない。あまりにも内心の吐露が続くし、小説としての要素が少なすぎる」（ヨアヒム・ギュントナー、「新チューリヒ新聞」紙、二〇一〇年六月二十二日）、「誤って『長編小説』と銘打たれたヴォルフのテクスト」（ヨルク・マーゲナウ、「日刊新聞《ターゲスツァイトゥング》」紙、二〇一〇年六月二十六日）といったように、揃って「長編小説」のレッテルに異議を唱えている。一九九二年から一九九三年まで奨学金を得てアメリカの「センター」に滞在していたことや、その間にＩＭの過去がドイツでスキャンダルを巻き起こした、という本書中の記述は、あまりにもヴォルフの経歴と重なっており、主人公を作者と区別することを難しくしている。それゆえ、これを架空の話として読んだ批評家は一人もおらず、全員がこの書にヴォルフの二十年越しの自己弁護を読み取ろうとしている。（しかし、このことはヴォルフも充分自覚していたに違いない。一人称の語り手を自分と同一視されて驚く、というほどナイーブな「創作」をしたわけではないだろう。）

　そのうえで、記憶を重層的に検証しようとするヴォルフの試みにある程度賛同できるかどうかは、批評家によって意見が違っている。たとえば前出のヴィルトマンが「読むのが楽しいとはいえないが、まさにそれゆえに真実で、文学としては成功している」と、比較的ポジティブな評価をしているのに対し、ヨルク・マーゲナウの方は、ヴォルフは結局自分の殻を破るにいたっていない、と評し、何が何でも決着をつけようとする（Ins-Reine-Kommen-Wollen）彼女の気質にも問題がある、と述べている。同様に、「南ドイツ新聞」紙（二〇一〇年六月十九日）のロータール・ミュラーも、「ヴォルフの選んだ形式がしっくりこないし、虚構化する意味がよくわからない」、「政治的・道徳的に開かれた場所へ一歩を踏み出すことは残念ながらできていない」と否定的な見解を示す。

　「ツァイト」紙（二〇一〇年六月十七日）のイェンス・イェッセンは、時間の層を入れ替えたりさまざまなアイデンティティーや自己像を織り込んだりして一枚の絨毯を織り上げるヴォルフの手法に対して、「文学的名人芸」との評価を与えている。また、「フランクフルター・アルゲマイネ」紙（二〇一〇年六月十九日）のリヒャルト・ケマーリングスは、この作品が「小説」であることは否定するものの、一五〇ページ以降は面白くなってきて読む価値がある、と読者に勧めている。

作品は世に出たとたんに一人歩きし始める。さんざん批評の荒波をくぐってきたベテラン作家のヴォルフは、こうしたことにも驚かなくなっていただろう。作品自体は賛否両論で迎えられたものの、その年、彼女はトーマス・マン賞とウーヴェ・ヨーンゾン賞を相次いで受賞している。また、ヴォルフ自身が朗読したCDブックも、CDに与えられるHörkules賞を二〇一一年に獲得している。

文学と「信頼」の問題を考えようと思っていたのに、長々と一人の作家の最後の作品の話になってしまった。何度もバッシングされた作家があらためて筆を執るにあたっては、励ましてくれる家族や編集者、読者の存在があったに違いない。執筆にあたって彼女が選んだ手法は、一九七〇年代に一度試みた、人称を分裂させる複雑なものだった。グラスが『玉ねぎの皮をむきながら』でできるだけ一人称を使おうとし、誰も知らなかった過去の事実をさらりと告白したのに比べると、ヴォルフは二人称で過去の自分への距離を作りつつ、すでに知られているＩＭという事実に主観的な説明を加えようとしているように見える。これを「逃げ」と解釈する向きもいるが、グラスもヴォルフも、目指していたのは一つのセンセーショナルな事実の報告だけではないだろう。

ヴォルフが織りなした絨毯のようなテクストについて、評価は現時点で固定されてしまうわけでもない。書き、出版することによって、それは歴史的なテクストとなり、後世の人々に届き、絶えず再評価を受ける可能性がある。ベテランの作家として、ヴォルフは作品が自分よりも長生きすることに、期待と信頼を寄せていた、といえるだろう。

注

（1） Thomas Anz: *“Es geht nicht um Christa Wolf”*. Fischer Taschenbuchverlag, Frankfurt/M, 1995 参照。

（2） ゲッティ・センターという名前は一度も出てこず、作品中ではすべて「センター」に統一されている。またヴォルフは用心深く、登場人物もエピソードも、歴史的人物を除いてすべて虚構であることをあらかじめ断っている。

（3） *Stadt der Engel*、二二頁より引用。なお、今後本文中で引用した頁は本文中に（　）で示す。ドイツ語からの翻訳は筆者。

（4） *Akteneinsicht Christa Wolf*、二四二～二六三頁。

参考文献

Christa Wolf: Kindheitsmuster (Aufbau, 1987).

Hermann Vinke (Hg.): Akteneinsicht Christa Wolf (Luchterhand, 1993).

Peter Böthig (Hg.): Christa Wolf. Eine Biographie in Bildern und Texten (Luchterhand, 2004).

Stiftung Archiv der Akademie der Künste: Das Archiv von Christa Wolf (2004).

Christa Wolf: Stadt der Engel (Suhrkamp, 2010).

第八章　演出者としての里見弴
――ト書きへの加筆修正をめぐって

宮本　明子

はじめに

一九五二年に北鎌倉に転居した小津安二郎は、以降、鎌倉に住む作家たちと交友を深めていった。なかでも里見弴とは、公私にわたり親交があった。里見は一八八八年、有島武・幸子の四男として生まれ、兄に作家有島武郎、画家有島生馬がいる。一九〇三年生まれの小津に対して、一五歳年長になる。叔父の養子として山内姓を名乗り、里見弴という名は雑誌『白樺』創刊号から用いた。小説や戯曲執筆のほか、舞台の演出も担うなど、多方面にわたる活躍をみせた。

小津と里見の関わりといえば、里見が小津の映画『彼岸花』（一九五八年）、『秋日和』（一九六〇年）の原作者であることはよく知られている。しかし、国内外で知られる小津に対して、現代では言及されることも少ない。武藤康史が一九九三年に「里見弴の網羅的な全集はまだ存在しない」[1]と記した状況は、その十五年後となる二〇〇八年、小谷野敦が里見の評伝『里見弴伝――『馬鹿正直』の人生』を刊行した当時も大きく変化していなかった。小谷野も指摘するように、紅野敏郎による伝記の整理、編纂など一連の成果があがっているものの、里見の研究書は「一冊もない、と言ってもいい」[2]状況にある。

こうした中で、『彼岸花』や『秋日和』に先立つ『早春』（一九五六年）において、里見が小津の映画の台本に複数の加筆修正を行い、映画にその一部が採用されていたことが明らかになった[3]。こうして撮影前の台本に加筆修正を行い、小津が映画に採用したとみられる事例は、管見のかぎり他に確認できない。

そもそも信頼関係がなければ、里見が台本を手にし、書き込みを行うことはできなかっただろう。さらに、第一稿すなわち完成稿とされる小津の映画の台本は、細部の語尾や誤字脱字の修正を除いて、大きな変更がなされることはまずないとされている。以上をふまえ、本書の掲げる「信頼」ということばを用いるならば、上記『早春』の事例は、里見に寄せられたであろう、小津からの明らかな信頼を示している。

しかし、それは盲目的に信じるというものでもない。映画に採用されていたのは一部であり、里見による加筆修正の大部分は採用されていなかったからだ。脚本執筆、撮影はあくまで小津の側にある。

では、そこで採用されたもの、採用されなかったもののの違いとは何だろうか。

大別すると、映画に採用されたものはすべて科白であり、ト書きに対する加筆修正は採用されていなかった。[4] 以上から、本資料は、しばしば里見の著作の科白を手本にしていると語っていた小津の発言を裏付けるものだといえる。一方、採用されなかったト書きは、小津の映画と、里見が志向する「ト書き」の差異を示していると思われる。以下にその内容をたどることから、本稿では、小津と里見の交友を具体的に確認することを試みる。

一、「信頼」の基点

小津と里見が初めて出会ったのは、一九四一年二月に開催された『戸田家の兄妹《きょうだい》』（一九四一年）試写会後の座談会だとみられている。その座談会における里見の次の指摘は、映画の小道具や俳優の細部の動きまで注視した、具体的なものであった。

里見（中略）料理屋の場面で、次兄があとから来た細君に、何を食べるかと聞いて、呼鈴を鳴らす。そうすると女中が廊下を近づいて来て、襖をあける。あれは要らないと思うね。呼鈴を押すだけでいいでしょう。もう一つ、大阪から帰った昌二郎が荷物を置きながら、シャッポだけは持ったままで別の部屋へ行く。どうしたことかと思っていたら、泣いている妹の頭へ被せる。ははア、そのために御入用だったのか、……あれなぞも要らないと思うんだが……。

小津　どうも……（池田氏に）これは大変いたいなあ。帽子ですが、実はあれはあすこで被せてやろうという始めからの手順だったので……。どうも里見さんのような方ばかりだと、とても私に監督はつとまりません。女中のところも確に要りません。(5)

小津は後年、このときの出会いを振り返り、里見の「技術批評には敬服」し、「大変有難く身に沁みた」と語っている。(6)

その後、北鎌倉に転居した一九五二年以降の小津の日記には、里見邸に立ち寄ったこと、会食したこと、里見に電話したことなど、里見と頻繁に連絡をとっていたようすを見てとれる。

一方、里見は一九五六年の随筆に、小津と野田高梧(7)と旅行に出たときのようすを次のように記している。「ここ数年急に親しくなったO君、N君、こっちが胡瓜ならむこうはサラダ菜くらいの違いで、同じ畑にゆっくり閑と働いている連中、堂々第一線に立っているにしても、逸民根性に於ては相通ずるものがあ(8)」り、里見にとっても、二人は心許せる友人であったようだ。

もちろん、小津が、里見とばかり親しくしていたというわけでもない。たとえば、志賀直哉は、小津が敬愛し、里見と同様に旅行や会食に出かけ、座談会にも共に出席したことがある。しかし、小津の映画に原作を提供したことはなく、後年、里見のように、小津と台本を執筆すること(9)はなかった。その背景には、池田哲郎が指摘するように、「志賀直哉を最も尊敬し、彼の小説の神髄まで究明しながら『暗夜行路』を映画化しないということも加えて、小津の清潔さと潔癖さ(10)」があったのかもしれない。一九五五年、小津は映画評論家の岸松雄から、『暗夜行路』の映画化の可能性を尋ねられ、「ああいうものをやる自信がない」、「手が出ない」とも応えている。[11] そんな小津の姿勢を、里見は半ば冗談めかして次のように記していた。里見のことなど「せいぜい中先生か小先生だなんていってた」小津が、敬愛していた「志賀の前ではコチコチになって、はた目にはおかしいことが多かった[12]」のだと。

さらに、鎌倉に住む作家には、広津和郎や大佛次郎らとの交友もあった。映画『晩春』（一九四九年）、『宗方姉妹』（一九五〇年）はそれぞれ、広津の「父と娘」、大佛の『宗方姉妹』を原作としている。しかし、広津や大佛にしても、里見同様に頻繁な交友があったわけではない。

以上のようにみてくると、里見は小津が親交のあった作家の中でも親しく、小津の映画に対しては原作提供者、台本共同執筆者として関わったことを確認できる。

その里見が、「『早春』修正入台本」上にはどのように意見を述べていたのか。表1は、里見が行ったとみられる、「ト書き」に対する加筆修正である。

同台本の科白へのト書きに対する加筆修正は、全加筆修正四七六箇所のうち、十箇所である。わずか一部にすぎないともいえるが、留意したいのは、すでに脚本執筆者によって定められたその動きを、ここで里見が修正していることである。

同台本になされた修正のうち、たとえば、「野村」の科白に対する加筆修正は、科白を関西弁へと修正する上で必要なものであった。[13] 一方、加筆されたト書きはいずれも、当初の台本にはない、人物の動きを指示するものである。たとえば、次の「杉山」と「小野寺」に、「（頷くだけ）」と記されている。

a　「（頷くだけ）」（a―14頁）

池部良演じる「杉山」のオフィスの場面。来客を迎えたときの「杉山」の「えゝ」というわずかな科白の余白に記されている。言葉を発するのではなく、相づちを打ち、その場を立ち去る動作が提示されたことになる。

杉山　「御無沙汰してます。いつ来られたんです」

小野寺　「ゆうべの夜行でね」

表１「『早春』修正入台本」ト書きへの加筆修正内容

	①採用状況（○）	②頁	③種類	④青鉛筆でなされた加筆修正の内容	⑤加筆対象	⑥加筆位置もしくは加筆対象	⑦話者／ト書き
16		a-14	修正	（頷くだけ）	**杉山**「え、」	台詞下	【ト書き】
38		a-27	修正	千代の無雑作さとつくらざる愛嬌に年輩の運転手、惹きこまれたやうに承知する、車の□□から杉山、千代を押し乗せ続いて自分も身軽く飛びのる	「千代、運転手に頼んで、杉山と二人で乗る／そのトラックが青木たちの組を追抜く／青木「ア、おい！おいおい！（と思はず追つて）バツカヤローツ！」／トラックの上では杉山と千代がニコニコして敬礼してゐる／そのトラックが更にまた前の一団を追ひぬく」	台詞上	【ト書き】
83		a-34	囲み	○	「と紅茶を持ってくる」（※注―昌子のト書き）	「と紅茶を持ってくる」	【ト書き】
84		a-35	下線・修正	それ	**昌子**「はい（と紅茶を出して）――あんた、これからまた社へ帰るの？」	「紅茶」	【ト書き】
134		b-4	修正	（時計を見て）あ、こりやいかん行ってくるわ	「ほんまやな。ハイキングん時の罰や。好い気持や、覿面や。――ぢや行つてくるわ」	台詞上	野村【ト書き】
146		c-3	修正	（と膝をゆする）	**千代**「待つてたつて帰つて来ないわけよ。お好み焼屋でビール飲んでンだもの」	台詞下	【ト書き】
198		d-10	追加	と大欠（ルビ：あくび）	**坂本**「あゝ、もう真ツ平だイ」台詞左	【ト書き】	
230		e-1	追加	黙って	「とビールを注いでやる。」（※注―昌子のト書き）	「と」の下	【ト書き】
240		e-3	追加	つんとしてそっぽを向く	**昌子**「……」	台詞下	【ト書き】
396		f-5	追加	（かすかに）	**杉山**「……」（※注―同頁の二つ目の「……」）	台詞下	【ト書き】

杉山　「そうですか」
小野寺　「(部長に) ぢや、それお願ひします。(杉山に)
　あつちイ行かうか」
杉山　「えゝ」
　小野寺、部長に会釈して立つ

「頷く」とすれば、続く「小野寺」が「部長に会釈して立つ」動きと呼応する。しかし、「杉山」が「えゝ」と発することに不都合がある場面ではない。

同様の修正は、次の場面にもなされている。

b　「(時計を見て) あ、こりやいかん 行つてくるわ」(b—4頁)

「野村」が通勤仲間の「青木」に、「千代」という女性の身に起きたことを冗談交じりに告げる場面。当初の台本では「ぢや行つてくるわ」とだけ記されていた「野村」の科白に、新たにト書きと科白を加えたものである。

対話していた「野村」が立ち去るきっかけと、それに続く科白が必要だと考えられたためだろう、「行つてくる」理由と「野村」が気づいたことが、以上の加筆により説明されたことになる。

映画『早春』ではどうだろうか。「野村」演じる田中春男は時計をみるそぶりなど見せることもなく、腰掛けていたベンチから立ち上がると、「ぢや行つてくるわ」とその場を後にする。

さらに修正は、「千代」にも及んでいる。「杉山」と「千代」がお好み焼き屋で過ごす場面は、なるほど、「杉山」への「千代」の心情を説明するには妥当である。

c　「(と膝をゆする)」(c—3頁)

当初の台本では、下記引用部前半の二人の科白にはト書きが付されていない。これに対して修正者は、三行目、「待つてたつて帰つて来ないわけよ。お好み焼屋でビール飲んでンだもの」という科白の下に、「膝をゆする」というト書きを付している。この後に「杉山」に「すり寄」り「肩に手をかける」「千代」の思惑を、「膝をゆする」という明確な動作に集約したことがうかがえる。

千代「——ねえ、知つてる？　空には今日もアドバルンつていふ唄」

杉山「知つてるよ」

千代「待つてたつて帰つて来ないわけよ。お好み焼屋でビール飲んでンだもの」

杉山「ウム………」

千代「あんた、こんなこと、家イ帰つて一々奥さんにそう云ふの？」

杉山「云つたり云はなかつたりさ」

千代「今日のこと云ふ？」

（中略）

杉山「ウム？」

千代、すり寄つて、下から見上げるやうな形で、杉山の肩に手をかける。

杉山、その誘惑に克てず、接吻する。長い接吻——

ただし、映画とつきあわせてみると、「千代」演じる岸恵子は掘り炬燵に座り、画面には彼女の足さえ見てとることはできない。二人の具体的な接近は当初の台本通り、千代の接近と接吻とによって示されたのである。

以上みたように、加筆されたト書きは単に台本上の誤字・脱字を修正するものにとどまらない。その場面に人物がとる動きを積極的に検討した結果が、以上の具体的な動作として示されたといえるだろう。両者を比較すると、加筆修正は台本にはない新たな人物の動きを加えるものであり、一方、映画は、当初の台本通り、とりたてて説明を付さずに人物のやりとりを進めている。最後に、その差異が際立つ次の事例を確認してみよう。「杉山」の妻、「昌子」が、夫の「ハンケチに紅ついて」たという一件を母親に報告する場面である。

しげ「だけどさ、そう一々こまかいことまで気にするようぢや、お前さん、まだまだ旦那さんに惚れてるよ」

昌子「惚れてなんかゐないわよ」

しげ「惚れてますよ。わかつてますよ――今日もおでん持つてくかい」
昌子「持つてかないわよ」
しげ「オヤオヤ、ずゐぶんおヘソ曲げちやつたんだねえ」
昌子「……」

父親もそうだったと諭す母親「しげ」とのやりとりの後、上記の通り台本には、「昌子」に「……」と無言の科白があてられている。修正者が示したのは次のような具体的な動作である。

d 「つんとしてそつぽを向く」（e―3頁）

台本上には明示されていない彼女の動きを特定することで、「昌子」の苛立ちを表出させようとしたねらいがうかがえる。

「そっぽ」、つまり別の方を向くのに類似した動作が、小津の映画にみてとれないわけではない。『早春』では、田中春男とのやりとりに、山本和子が顔をそらしてみせるのがこれにあたる。互いに遠慮のない会話を交わす中で、「ふん　失礼しちゃう」と応えるのがそうだ。その他、類する動作として、『晩春』（一九四九年）や『麦秋』（一九五一年）の原節子、さらに『彼岸花』の有馬稲子のように、小津の映画の女性たちは、しばしば顔を掌で被って泣いてみせる。ゆえに、上記「昌子」の動作として付与されたト書きが、小津の映画に真新しい動作であるというわけではない。これに対して、『早春』で淡島千景演じる「昌子」は、手にした団扇を、表情をかえずにあおぎ続ける。加筆されたト書きをいささかも再現することはなく、彼女は一定の視線、一定の反復でその場に佇んでいるのである。

小津の演出が、俳優の科白の声色から動作に至るまで、特定の演技をしないよう指示するものであったことは知られている。上記「昌子」の動作も、そのひとつとしてとらえることができるだろう。

これら一連の里見によるとみられるト書きへの加筆修正は、当初の台本と比べ人物の心情を具体的に示している。しかし映画はそうした説明を排し、あくまで当初の台本通りやりとりを進めている。小津の映画の台本において、ト書きは執筆時に確定していたといえるだろう。この点に、小津の映画と、具体的な説明によって人物を描こうとする里見の志向の差異をみてとれる。

二、明細なト書き

里見が科白のみならず、ト書きにまで加筆修正を施していたのも、ト書きを重視していたからにほかならない。演劇脚本の執筆、演出に携わっていた里見は、小説と脚本との差異に言及し、脚本においては「台詞として言わせるよりも、仕草で現わした方が」「更に効果が多くはないか、を考えなければ[14]」ならない立場を明らかにしていた。これは演劇の脚本に対して里見が示した立場であるが、その文中、「目で形を追」うという点は映画も同様である。俳優の「仕草」の効果に留意すべきであるという考えが、「『早春』修正入台本」にも生かされたのだろう。

人物の動きを、「芝居」にかけたときと同じように想定した里見が書き加えずにはおけなかったものが、たとえば、前掲、「（時計を見て）」、「（つんとしてそっぽを向く）」というト書きであった。これらの動きを指定することで、「目で形を追」う観客への説明を試みたと考えられる。

次の「たのむ」の一説は、里見がいかにト書きを重視していたかがわかる好例といえるだろう。「助次郎」「判事」「為吉」の動作を、（ ）内のト書きが詳細に説明しているからだ。


（助次郎、ブル〳〵ッと震へあがり、顔をそむけて了ふ。）

（あと二言三言で、すぐ近所の男の取調がすむ。）

（男は、法官たちの前に、ピヨコ〳〵お辞儀をし、かつともちよつと頭をさげ合つて、急いで帰つて行く。）

（判検事が顔をよせて、ちよつとのま協議してから、いづれも、「では、これで……」といふやうな顔つきになり、あがり口へ来て靴を穿く。）

（その間に助次郎は、編笠を被せられ、一番あとから、とぼ〳〵と二畳の方へ来かゝり、為吉のうしろで、何かもの云ひたげにしてゐる。）

（為吉は、先刻の慍つたやうな顔が、だん〳〵だんだん渋面になつて来て、この時には、一生懸命歯を喰ひしばり、肩を震はせてゐる。）

（かつは、助次郎が酒を飲むくだりで一度泣くが、あと泣きやんでゐて、またいよ〳〵帰つて行くといふだんになると、声をあげんばかりに泣きだす。）

（助次郎も、それを見ると、涙がこみあげて来るこなし。刑事に促されて土間におりる。法官たちは、どやどやともうおもてに出て了つたあとで、そこには、隅の方に巡査が一人立つてゐるきり。助次郎は、為吉の方へ顔をさしよせるやうにして、）

助次郎　ぢや、ほんとにたのむぜ！

（為吉、急にしやくりあげて泣き出し、頻に頷く。）

（助次郎、今度は、かつの方へ。）

助次郎　仲良く暮しねえよ。いゝか……。

（助次郎、とぼ〳〵と、けれども、心安げに引かれてはいる。）


上記、「判事」の「『では、これで……』といふやうな顔つき」などは、そのまま台詞にしてもよさそうである。他も同様に、取調べの場面での「何かもの云ひたげ」な「助次郎」のありさまが、歯や肩、泣くという動作から提示されている。

こうした里見のト書きの特徴は、しばしば指摘されてきた。たとえば、渾大防小平は、「里見の戯曲に対する見解乃至態度が一般的劇作家と少し違ふ点」に「ト書き」を挙げ、「『たのむ』或は『正直直次郎』『正體』の如き、主要な部分が対話によらずして詳密な『ト書き』によつて運ばれてゐる事実に注意を向けなければならない。」と述べている。[15]引用した三者のやりとりでは、取調べにおける三者の緊張と「助次郎」の心情とが、詳細なト書きとして説明されている。さらに、大木直太郎も代表的な事例に「たのむ」を挙げ、「明細なト書が上演の設計図としてばかりではなく活字を通じても里見文学の真髄を伝達するのに役立っている。」と述べている。[16]

試みにト書きの割合を算出すると、以下の通りになる。文字数を算出する上で情景描写や文中のルビは除き、[17]文字数に換算した。「たのむ」は、総字数一六一三三字に対して七六八一字（四七・六％）と、およそ半分に及び、「正直直次郎」は総字数一〇一六七字に対して四三四四字（四二・七％）、これに次ぐ字数となった。

改めて『早春』修正入台本」に戻ってみよう。台本中、最も多くのト書きが付されている次の箇所への加筆も、ト書きの重要性を意識した里見ならではのものだといえる。『早春』の通勤仲間たちが集うハイキングの場面。

千代、運転手に頼んで、杉山と二人で乗る
そのトラックが青木たちの組を追抜く
青木　「ア、おい！おいおい！（と思はず追つて）バッカヤローッ！」
トラックの上では杉山と千代がニコニコして敬礼してゐる
そのトラックが更にまた前の一団を追ひぬく。

台本に印字されていた上記部分に、青鉛筆で次の通り記されている。

千代の無雑作さとつくらざる愛嬌に年輩の運転手、惹きこまれたやうに承知する、車の□□に杉山、千代を押し乗せ□いて自分も身軽く飛びのる

「運転手」に「年輩の」という説明が付され、彼が千代の「愛嬌」に「惹きこまれたやうに承知する」旨が加えられている。台本執筆者である小津や野田が、ここで個々の人物の年齢や所作を加える必要もない。加えて、運転手はこの場面に登場するにすぎない。

映画ではどうか。当初の台本の通り、キャメラは「千代」や「運転手」の細部に迫ることなく、車を確認した「千代」たちが車へと乗り込む、一連の動きをとらえている。「年輩の運転手、惹きこまれたやうに承知する」ようなクロース・アップは用いられておらず、「千代」、「杉山」の全身がとらえられている。「運転手」は、白昼の外光に対して、ほの暗い車中にようや

く見てとれるほどであり、表情を見てとるのは困難である。

以上にみたト書きへの加筆修正の特徴から、本資料は二つの可能性を提示しているといえるだろう。一つは、里見自身の習作としてである。映画への採用を里見が意図していたのか否かは本資料のみからは判別できないものの、そう記すことで、当初のト書きと比較検討しようとした可能性が考えられる。もう一つは、科白に対して試みたのと同様に、里見が積極的に代替案を考案し、示した可能性である。

いずれにせよ、単なる科白やト書きの加筆修正にとどまらないこれらの加筆修正は、修正者が俳優の設定ややりとりにも注意を向け、人物をいかに動かすかを思案したことを示している。つまり、里見の指摘は、脚本執筆者や監督が担う演出の領域にまで及んでいたのである。

三、鎌倉文学館所蔵里見弴関連資料調査結果

さらなる比較検討のために、以上のように里見が台本に書き込みを行った事例について調査を進めた。

里見が関わった台本の所蔵箇所には、次の四箇所が挙げられる。(18) 里見が原作者として関わった、小津の映画台本が所蔵されている公益財団法人川喜多記念映画文化財団、松竹大谷図書館。映画台本、演劇台本、テレビドラマ台本、ラジオドラマ台本が所蔵されている鎌倉文学館。そして小津とシナリオを執筆した、テレビドラマ台本「青春放課後」草稿が所蔵される鹿児島県薩摩川内市川内まごころ文学館である。

結論として、以上四館における調査から、『早春』修正入台本」と同様の事例は認められなかった(二〇一五年十月時点)。ただし、ト書きが含まれる演劇台本、テレビドラマ台本、ラジオドラマ台本においては、里見によるとみられる書き込みがわずかながら認められた。全八六点のうち、映画台本は『暖春』一点、『多

情佛心』二点、『秋日和』一点であった。以下に、鎌倉文学館所蔵当該資料（二〇一六年十月調査時点：全八六点）から、代表的な二例を参照したい。

　演劇台本、「女難花火」（一九六六年）は、花柳章太郎の原作に基づき、里見弴が演出を行った[19]ものである。台本「４-１」「４-２」頁上の左記ゴシック体部分に、次の加筆修正を確認できる。

医者看護婦から消毒液をしませた脱脂綿の一片をうけとり
豊子の腕を拭きかける
豊子　なアに？　注射？　いやです　いやくいや！
ト医者にとられてゐる腕を邪険にふり払上
医者　いや、痛くはありません、すぐです。
豊子　よしてください、きっぱりお断りします
トそつちに背を向けて寝返る、医者は仕方なく脱脂綿を看護婦に渡しながら、松葉屋へ□□でどうしませうの思入れ、
松葉屋仕様のありませんの気□でうなづき返す
医者に病人の顔をのぞき込み
医者　どうぞお大事に……。ト立つ□上手に
（以下□□稽古どほり）

第四場　再び松葉屋

舞台は第二場に同じ。
前場より一ヶ月後の晩春。
舞台はほとんど変らず。
短い前奏曲にて舞台明るくなると、座敷の中央に布とんを高く敷き豊子が寝ている。

「稽古どほり」という文言が示しているように、ゴシック体部分は、里見が参加した稽古での演出以降に必要となった科白とト書きと推測される。「豊子」が「医者」に抵抗するようすと、医者たちがそれにどう対応するかが新たに組み込まれている。

　さらに、演劇台本「たのむ」（一九六二年）への加筆を確認したい。二六頁および二七頁の左記ゴシック体部分が、本文「少しすると」の前に加筆されている。

上手の隣家の窓から男が顔を出し、窺《ママ》（マき込まうとする
が見えないので、子供たちに「あっち行け」といふ手つき、

子供の声　…やァ…ゐやがるく……

抑へた声で、然し厳しく巡査が叱りつける。すぐ引っ込む、少しすると他の子供や、同じ奴が叱られても何度も首を出す、とうく巡査が表へ廻って行く子供たちワーッと云って逃げて行く気勢なと…抑へた声で、然し厳しく巡査が叱りつけるこの間に判事は調書を、あっちこっち翻がえしている。

鎌倉文学館所蔵全八六点の資料を参照するかぎり、里見によるト書きへの加筆は、台本の一部に認められるにすぎない。その理由として、これらの資料はいずれも里見自身が執筆者や原作者として関わったものであることが挙げられる。これに対して『早春』は、里見が小津の映画台本の科白とト書きに、考えられる修正案を施したという点で性格が異なっている。

おわりに

鎌倉に過ごした作家の今日出海は、小津と里見の親交について次のように振り返っている。

あの人は何か明るくってねェ、そいでなかなか同《ママ》じないんだなァ、なーるほどその通りだとかねェ。「お前たち文士はやっぱり口舌の徒だから、うまいこと言う」ってような、まァ、うまいことということは、面白いんだなァ。たとえば里見先生を好きでねェ。よく野田君と三人で行ったこともあるし、僕が行くと二人が先に来てることもあるけれども……。非常に里見先生を好きだね。尊敬していたし、好きだけども……里見さんもあの、小津君好きだよ。と……なかなか里見さんてうるさい人でね、こまかく観察する人だけども、小津君てのはもう、ほんとに、あすこへ、われわれとちっとも変わらないし、また決しておんなじ話しないやね。

小津君て人は、なかなか同《ママ》じないし、人の影響受けない人だけども、里見さんのいい所は、ちゃんとつかんでるな。ウン、そいでやっぱり里見さんも、そういう小津君を認めてるだろうな。そういうものが小津君にあったな。(20)

日頃から小津が里見に寄せていたであろう信頼を窺わせる発言である。

本稿では里見の小津の映画との具体的なかかわりを、台本上の加筆修正からみてきた。第一稿が完成稿とされ、細部を除いてほぼ変更のないとされる台本への修正と映画への採用は、両者の密接なつながりを示している。一方で映画には採用のなかったト書きは、里見と小津の映画が志向するト書きの差異を示して特徴的である。これらの一次資料は、研究においては論述の対象とされることが少ないものの、今日知られる小津の映画がどのような過程を経て成立したかを考える上で貴重な情報を示している。

二〇世紀日本の映画監督として、黒澤明や溝口健二と並び知られる小津も、これらすべての資料の検証がなされてきたわけではない。今日、アーカイブ化の意義が問われ、国内の重要な研究課題となりつつある。今後、映画研究においても、これら資料の保存・検証・活用を重視しながら、それぞれの資料を精査してゆくことが課題となる。

注

（1）武藤康史「解題」『秋日和　彼岸花』夏目書房、一九九三年、三三六頁。

（2）小谷野敦『里見弴伝——「馬鹿正直」の人生』中央公論新社、二〇〇八年、六頁。小谷野も挙げる紅野敏郎による里見研究をはじめ、本稿が多くの示唆を得た先行研究の一例として小谷野、前掲書、武藤康史「小津安二郎と里見弴」『東京人』一九九七年九月号、八六—八九頁。

（3）宮本明子「『早春』と里見弴——『早春』修正入台本」上の加筆修正をめぐって」『表象』〇四号、一八八—二〇五頁。

（4）これらのト書きへの加筆修正は科白に対する加筆修正と同時期に記されたものとみられるが、その時期は定かでない。

（5）「『戸田家の兄妹』検討」、『新映畫』一九四一年四月号、五五頁。

（6）「映画と文学」、『映画春秋』一九四七年四月十五日号、三二頁。

（7）小津と共同でシナリオを執筆した。

（8）里見弴「団子ごころ」『心』一九五六年一月号、九二頁。

（9）一九六三年三月二十一日、NHK総合テレビで放映された、テレビドラマ『青春放課後』のシナリオ。三月十三日脱稿。

（10）池田哲郎「小津監督の芸・色・髭」『丸』一九五三年十二月号、四四頁。

（11）小津安二郎、野田高梧、岸松雄（座談会での発言）「座談会『早春』快談」『シナリオ』一九五五年六月号、十五頁。

（12）里見弴「体操と散歩と晩酌と」『毎日新聞』一九六六年三月二十一日、夕刊五面。

（13）注(3)に同じ。

（14）「脚本『新樹』について」『人間』一九二一年六月号、六三頁。

（15）渾大防小平「解説」『日本戯曲全集　現代篇第十輯』春陽堂、一九二八年、第四十二巻、八二一頁。

（16）大木直太郎「解説」『現代日本戯曲選集　第六巻』白水社、一九五五年、四〇六頁。

（17）ただし、次のように「、」が付されている場合は、「、」を一文字として数えた。例：「はツと思ふまにふいに」（戯曲「正體」）

（18）山内静夫氏から教示を得た。

（19）一九六六年三月、花柳章太郎追悼公演「女難花火」森雅之が花柳章太郎を演じた。http://dictionnaire.sensagent.leparisien.fr/%E6%A3%AE%E9%9B%85%E4%B9%8B%20(%E4%BF%B3%E5%84%AA)/ja-ja/（二〇一六年十一月一日アクセス）。

（20）『陽のあたる家――小津安二郎とともに』フィルムアート社、一九九三年、三〇〇―三〇一頁。

付記

本研究は、公益財団法人日本科学協会 笹川科学研究助成による助成を受けた研究課題「里見弴の映画界への関与の実態調査・研究」（28-143）の成果の一部である。

〈信頼と哲学〉

第九章　「信頼回復」という問題

御子柴　善之

はじめに

「信頼回復」という言葉を見聞きしない日はない。しかも、この言葉が新聞等の見出し語として掲げられるとき、その横にはしばしば、立ち上がって頭を下げる背広姿の大人の映像がある。失われた信頼を回復し他人に信頼されるにはひとすら誠実に生きるしかないことを、誰もが知っているにもかかわらず、それでも謝罪という場面が要求される。ここにはすでに「信頼」ということがらの問題性が示唆されている。誠実さは、それの意味することが〈自己自身と一致して生きる〉ことであるという点で、なにより自己関係の問題だが、謝罪という行為は、他者に謝るのであるから対他関係の問題である。「信頼」や「信頼回復」という問題には、この自己関係と他者関係のはざまに位置しているという特徴がある。この特徴に由来する問題を見極めるのが、小論のひとつの目的である。

さて、今日の社会で、どうして「信頼回復」が頻繁に語られるのだろうか。もちろん、社会に「不信」を惹起するさまざまな事件・事故が起きたからである。しかし、これは「信頼回復」を語るきっかけに過ぎない。現代社会を〈不信の時代〉と見なすことはできない[1]。そうするには、あまりに大きな信頼をもって私たちは日常を生きている。たとえば、高速鉄道を利用するとき、私たちは列車の運転士を信頼し、列車の運行システムを信頼している。かつてフランシス・フクヤマが日本を「高信頼社会」に数え入れていたが[2]、その適否はおくとしても、現代を高度に発達した〈信頼の時代〉であると考える方が適切ではないだろうか。そうであるからこそ、不信を惹起する事案に私たちは憤り、不安になり、「信頼回復」という言葉にすがるのであろう。

「信頼回復」に向けた謝罪を求める社会的風潮の背後には不安がある。かつて、アンソニー・ギデンズが「信頼」の対義語は「不信」ではなく「不安」であると主張したが、(3) これは正鵠を射た指摘である。だが、ここで私たちはいったん立ち止まらねばならない。不安を払拭すべく安心を求めることが、信頼できる社会を回復することなのだろうか。ひたすら安心を求めることが、この社会から何かを奪うことはないのだろうか。この問いの下、信頼と安心とを峻別することが、従来の信頼論でも繰り返されてきた。ここでもそれが反復されねばならない。

以上のような問題意識に基づいて、小論はまず、ジンメルやボルノーの所説を手がかりにして「信頼」概念に一定の枠組みを提供し、次に、社会における信頼と不信がもつ〈よさ〉について考察することで、信頼の道徳的価値を明らかにし、最後に、信頼回復の条件について論じる。そこでは「ゆるし」という構えを社会がもつことの必要性が明らかになるだろう。

一、「信頼」概念を限定する

「信頼」は哲学、心理学、社会学などの学においてさまざまに論じられてきているが、ここでは、この概念に限定を加えることで、小論を西洋哲学における信頼論に接続させたい。小論では「信頼」という日本語を、英語ではtrust、ドイツ語ではVertrauenに対応するものとして考える。これは、後述するように、「信用」を意味するreliance（英）、Zutrauen（独）との対比において「信頼」を考えるということである。

さて、「信頼」を哲学する際にしばしば参照される所説として、ジンメルのそれを挙げることができる。彼は、人間存在そのものの中間性を主張し、「信頼」論にもその所説を反映させている。晩年の著作『生命観（生の哲学）』（初版、一九一八年）から引用しよう。

プラトンは哲学者を知者と無知者の中間にいるものと定義したが、この定義は人間一般にも当てはまるのである。(4)

すなわち、知という観点において、人間は全知でもなければ完全な無知でもない。人間は、一方で無限に多くのことを知ることができるが、他方で人間に知ることのできないことも無限にある。人間の知には限界がないが、その無知にも限界がないのである。このような人間観を背景に、ジンメルは著書『社会学』（一九〇八年）に次のように記している。

> 信頼とは、それを実践的行為の基礎とするのに十分に確実な将来の振舞いの仮説であり、仮説としては人間をめぐる知と無知との中間状態である。(5)

すなわち、知と無知との中間状態にある人間たちは、その行為において不確実な将来を何ほどか予期しなくてはならない。その際、人間が自他の振舞いを、仮説的に十分に確実であろうと期待することができれば、その仮説が「信頼」である。したがって、社会的不確実性を背景として、信頼そのものが知と無知との中間に位置する。(6) 換言すれば、ひとはすべてを知っているなら信頼する必要がなく、なにも知らないなら信頼できないのである。

ここに、信頼と安心との相違が指摘されねばならない。信頼は社会的不確実性を前提とした人間の心的態度である。他方、安心は社会的不確実性を払拭することで得られる心的状態である。たとえば、ある制度について自分と見解を異にする人も、その制度について自他の合意が成立したなら、当該の制度に従うであろうと予期することは信頼である。他方、自分と見解が異なるという点を重視し、当該の制度が成立した後でも、その人が制度を遵守するかどうかを監視することによって得られるのが安心である。

次に、社会的不確実性の基盤を見極めることで、信頼を「信用」から区別しなくてはならない。現代社会は、自然物を除けば、もっぱら外部に依存して制作された〈道具〉とそれを使用する〈人間〉とから成る。

ここで〈道具〉には、人間のもつ個別の能力（たとえば、語学力）も含まれる。道具は、それが一定の性能をもつことで、使用に値するものと判断される。このような道具に対する態度を「信用」という。他方、道具を使用する〈人間〉は、自由意志をもつものとして、外部に完全に依存するわけではない存在である。外部に依存しないとは、当該人物を他者が思うがまま動かせないことを意味する。社会的不確実性はこの点に依拠している。教育哲学者、ボルノーの文章から引用しよう。

> 信頼はただ一人の人間に対してのみある。すなわち、すべての因果法則の彼方に立つ自由意志をもつがゆえに、原則的に私の計算の及びえない一つの存在に対してである。私が誰かある人を（そんなことが可能であると仮定してのことだが）心理学的な認識に基づいて、きわめて精密に観察し、その人が一定の状況のなかでどのように振舞うかをするか分かるほどだとすれば、私はその人のことを信頼する必要はないし、またそのとき私はその人のことを信頼することもできない。（中略）信頼はむしろ、原則的には私の力が及ばない何かあることに私がかかわっているところでのみ可能である。それゆえ信頼はいつも〈敢えてすること〉を含む。そしてこの〈敢えてすること〉が信頼のもっとも内的な本質に分かちがたく属しているのである。(7)

この引用文で、心理学的に完璧な認識が可能だとすると「私はその人のことを信頼する必要はないし、また私はその人のことを信頼することもできない」と記されているところでは、ジンメルの「知と無知との中間」に信頼が位置するという考え方が反復されている。その「無知」の理由が「一人の人間」（人格）がもつ「自由意志」に求められているのである。この点に基づいてボルノーは、信頼が「敢えてすること（Wagnis）」を含むという。相手の人格について完璧な認識があるから信頼するのでなく、完璧な認識などあり得ないから、敢えて信頼するのである。以上のことから、信頼とは、「知と無知との中間」に位置する自由な人格に対し、その人格とかかわる行為の基礎となる仮説であり、その人格が自分の期待を裏切らないことを予想することであることが明らかになった。

二、信頼の価値を考える

小論の冒頭で言及したように、信頼への言及はしばしば「信頼回復」の文脈において行われる。このとき信頼は回復されるべきものとして表象されている。これは、信頼には何らかの価値があること、すなわち信頼が何らかの意味で〈よいもの〉であることを意味している。では、信頼のもつ〈よさ〉とはどのようなものなのだろうか。この問いを問うにあたり、信頼の社会的性格に目を向ける必要がある。ひとが自他を信頼できるかどうかの難易度は、その社会のあり方にも関連しているからである。また、信頼が損なわれていない社会には、そうでない社会にはない効用が認められる。社会学が信頼を「社会（関係）資本（social capital）」の一つに数える所以である。

たとえば、近年訳書が刊行されたブルース・シュナイアーの『信頼と裏切りの社会』には次の記述がみられる。

> 信頼の気配が増すほど、社会は健全になり、繁栄する。逆に、信頼の気配が少なくなれば、社会は病的になり、契約が必要になる。[(8)]

シュナイアーは信頼の価値を、社会を健全にするところに求め、その効用を繁栄に見ている。逆に、不信が支配する社会では、裏切りを念頭においた相互監視と罰則を伴う契約が必要になる。この健全さや繁栄については、さらに分節化して理解することが必要である。この引用文だけに着目するなら、信頼はよく、不信はよくないものに見えかねないが、社会において、特に、種々の詐欺が横行する社会においては、不信もまたよいものとして位置づけられるからである。

たとえば、社会学者、ニコラス・ルーマンは信頼と不信について、その双方が「機能的な等価物」[(9)]であると指摘し、次のように記している。

あきらかに、信頼が適切な場合も、不信を懐くのが適切な場合も存在する。このことは、理性的な仕方では否定しえない。そうだとすれば、信頼は何の例外もなしに妥当する行為格率ではありえないことになる。(10)

ここでルーマンの念頭にあるのは人格的信頼でなく、社会に対する「システム信頼」であることに一定の留保が必要だが、社会において人が不信を懐くべき場合があることが、そして信頼を一義的に〈よいもの〉として位置づけることに問題があることが明瞭に指摘されている。しかし、信頼を〈よい〉としたり〈よくない〉としたりする際の善の理解に多義性が見出されないだろうか。善に多義性を見出し、道徳的善の特性を明らかにすることは、アリストテレスにもカントにも見られるが、ここではアラスデア・マッキンタイアによる、実践にとって「外的な善」と「内的な善」との区別を参照したい。(11)

マッキンタイアは、他人との社会的連関において営まれる実践において、その外部に産出される善とその内部に実現する善とを区別する。前者の「外的な善」は、実践の結果として産出される。ただし、収入、地位、名誉のように、誰かがそれを手に入れると、誰かがそれを手に入れられなくなることが多い。後者の「内的な善」は、当該の行為実践の性能を十分に発揮する善であり、その実現によって他の誰かがそれを手に入れられなくなることはない。なお、マッキンタイアにとってこの後者の「内的な善」は行為共同体の共通善理解に基づくが、それを自由主義的に自由の実現と解することも可能である。

さて、不信の善は、不信という振舞いに内在するものでなく、その結果に重心をおくものである。不信には、騙されて何かを失うという結果を未然に防止することで、安心をもたらすという機能があるからである。その点で、不信の善は「外的な善」である。他方、信頼の善はどうだろうか。信頼は〈敢えてすること〉であるから、結果にかんしては不確実性を含みもっている。しかし、信頼は自由な人格に向けて〈敢えて〉行われることで、当該の行為実践において自由そのものが実現する。したがって、信頼は実践に「内的な善」である。これは、安心を求めることが自由の抑圧につながるのとは、対極の事態である。

以上のように考えれば、不信も信頼も善という価値をもつが、その内実が異なっていることが分かる。ただし、これはことがらの完璧な説明ではない。社会に不信が位置づくことは、それが権力・権威に対する不信である限り、社会の健全化にする資するものであろう。他方、信頼には、ボルノーが指摘するような創造性を認めることができる[12]。たとえば、教育実践において教師は、生徒を信頼することで、生徒自身の人格的成長を促すことができる。これを「外的な善」と断じる必要はないが、実践に外的な部分を含んでいるのも確かである。

以上のように、信頼に実践に「内的な善」を見出すことで、私たちは「信頼」を道徳的に〈よいもの〉として位置づけることができる。このとき、「信頼」は道徳的義務となる。ただし、上述のように、不信という態度を採ることで、他人に騙されないようにするために、この義務には停止されねばならない場合がある。すなわち、この義務に対して生命維持・権利擁護などのより上位の義務（完全義務）を優先させる場合がある。その点で、義務としての信頼は、不完全義務であると言うことができる。

三、「信頼回復」の要件を考える

信頼は不確実性を念頭におきつつ〈敢えてする〉ことであるから、裏切られる可能性を排除できない。そして、実際に信頼を裏切る事件が起き、社会に不信が瀰漫する。このとき、安心を求めて不信の目で世間を見る態度に終始することは、人間・社会から自由を奪うことにつながることを、前節で論じた。不信に直面した私たちは、安心ではなく信頼を回復しなくてはならない。謝罪会見を、そのための社会的儀式と見ることもできるだろう。そこでは、しばしば次の三つのことが語られる。第一に、不信・不安を生んだ違法行為を真摯に反省し、「法令順守」に努める。第二に、不信・不安を生んだ情報の秘匿を改め透明性を高めるために、「情報公開」に努める。第三に、問題の所在を明らかにし再発を防止するために、「説明責任」を果たす。信頼回復というつねに事後に位置づくことがらにとっては、この「説明責任」という論点が最も重要である。

「説明責任（accountability）」も、今日では人口に膾炙した言葉である。説明責任を果たすための会見が行われるとき、私たちはそれに対して不信（あるいは容易に信じない）という態度をもって臨むことが必要である。会見する側にはつねに疚しさがあり、それが説明に歪曲をもたらす可能性があるからである。また、説明される事象は過去のことであり、それは敢えて信頼するような未来への予期とは異なるからである。しかし、この不信に滞留するばかりでよいのだろうか。それもまた信頼を毀損することにならないだろうか。その点について、オニールが次のように記している。

説明責任にかんする最近流行りの方法は、信頼を回復させるより、むしろ信頼にダメージを与える。[13]

過剰な説明責任の追及は、それがどこまでも不信という構えを貫くがゆえに、相互監視の社会を招来するだろう。この観点から、説明責任の追及に一定の制限を設けることが必要になる。そもそも説明責任は、社会に〈結果〉として信頼の減退をもたらした過去の事象に対するものである。加害者・責任者を特定することは必要だが、それは帰責の対象として特定するためである。ところが、しばしば説明責任の追及が当該人物の未来に渡る全人格を対象としてしまうことがある。これは、信頼が前提する不確実性を払拭しようとして、信頼そのものの可能性を毀損してしまう。したがって、説明責任の追及はその〈結果〉にかんする限りに制限されるべきであろう。

さて、加害者や加害企業などによって、謝罪とともに説明責任が果たされる場合、それを社会はどのように受け止めるべきだろうか。これは、不信・不安から信頼へと至る移行の問題である。小論は、そこでは社会的な〈ゆるし〉という構えが必要であることを指摘したい。もちろん、それは法的処罰を赦免するということではない。また、犯罪被害者やその家族がどうにも許しがたいと感じている、その感情の問題でもない。それは、他人とともに社会化しつつ生きる私たちの考え方、あるいは〈構え〉の問題である。私はこの人生において誰かを愛するように、誰かをゆるすだろうという〈構え〉の問題である。

そのような〈構え〉の参考になる例として、インターネットの発達に伴って浮上した「忘れられる権利」を挙げることができる。これは二〇一四年五月、EU司法裁判所の判決をひとつのきっかけとして話題になった権利である。すでに法的責任を果たした人物の名前が、その過去のできごととともにインターネット環境の中に検索対象として留まり続けていることに対して、裁判所は、当人が検索エンジンに当該データに対するリンクの削除を求める権利を認めたのである。すでに責任を果たした人について、その過去がいつまでも検索対象としてさらされるなら、それは社会から信頼を減退させる要因となりうる。時間が経ち前後の事情が不明確になった後で、特定の過去のことがらだけが取り上げられるなら、不信ばかりが募ることになるからである。「忘れられる権利」の承認は、社会としてある人物を〈ゆるす構え〉の表現ではないだろうか。[14]

哲学者の中にも、この〈ゆるし〉の問題に直面した人たちがいる。それは、二〇世紀に最も許しがたい経験をしたユダヤ系の哲学者である。そうした人びとの所説を参照してみよう。まず、ハンナ・アーレントは著書『人間の条件』で、次のように記している。

私たちが行ってしまったことの帰結から解放され、ゆるされることなしには、私たちの活動能力は、いわば、自分たちの取り返しのきかないたった一つの行いに制限されることになるだろう。（中略）人びとは、自分が行うことからこのようにたえず相互に解放されることによってだけ、自由な行為者であり続けることができるのである。[15]

アーレントは〈ゆるし〉の彼方に行為者の自由を見ている。これは、不信への滞留が監視と不自由をもたらすのに対し信頼は自由を実現する、という小論の主張と重なる。しかし、〈敢えてすること〉としての信頼が裏切られる可能性を含みもっているように、〈ゆるし〉にも困難が含まれている。[16] ジャック・デリダの文章から引用する。

> 赦しは――それがあるとすれば――、ただ赦し得ぬものだけ、ただ償い得ぬものだけしか赦してはならず、かつ赦すことができない――したがって、不可能なことだけしかしてはならず、かつすることができない。[17]

このたいへん難解な文を理解するには、この文章の冒頭でデリダが、フランス語で〈ゆるし〉を意味するpardonに贈与（don）が含まれていることを指摘し、同様のことが、英語のForgivenessにgiveが、ドイツ語のVergebenにgebenが含まれていることに注目していることが重要である。すなわち、〈ゆるし〉には贈与という特質が含まれる。贈与としての〈ゆるし〉を実現するには、何も取ろうとすることなく純粋に与えなくてはならない。それができるのは、「ただ赦し得ぬもの」に対してのみなのである。この困難さにこそ〈ゆるし〉が位置づく。このとき、〈ゆるし〉の贈与性は、被害者が加害者をゆるすという事態を超え、被害者にゆるせるという状態が贈られることをも意味するだろう。

〈ゆるし〉には贈与性がある。実は、同様のことが信頼についても指摘されている。先に引用したボルノーの文章に次の記述がある。

> 人間が自分の意志の全力でもって信頼を引き寄せようとしたところで、何の役にも立たない。そして人間が信頼を得ようと絶望的に努力すればするだけ、それだけ信頼は人間の手の届かないところへと遠ざかり、逆に、人間がそれを期待することが最も少ないときに帰ってくる。（中略）この新たな信頼は、人間に思いがけず与えられる贈与のごときものである。[18]

　私たちは他人や社会が信頼し難いとき、それでも信頼を回復しようとして対象を鵜の目鷹の目で見極めようとすることがある。そうした意識には、信頼を困難にする難点ばかりが映ることだろう。むしろ、私たちに信頼が可能になるのは、何か贈り物が与えられるような事態なのだ、というのがボルノーの所説である。

　信頼が毀損された社会で信頼を回復するために、説明責任の過剰な追及を行うべきではない。さらに、信頼を回復するには、他人をゆるす構えがなくてはならない。さもなければ、不信だけが昂進するだろう。では、〈ゆるし〉はいかにして可能か。この論点に立ち至ったとき、私たちは信頼回復をめぐる事態の不確実性に再び直面するのである。

おわりに

　私たちの社会は、信頼をいわばインフラストラクチャーとした社会である。そうであるからこそ、社会の信頼を減退させる事象に直面して、私たちはしばしば信頼回復を語る言葉を聞く。しかし、信頼もまたそれに必要な〈ゆるし〉も、機械的な因果法則で手に入れられるものではない。これは小論で確認した事態である。そうだとすると、私たちが規範的に引き受けるべき態度はどのようなものだろうか。それは〈不断の信頼回復〉ではないだろうか。ここで〈不断〉とはつねに反復するということである。信頼は〈敢えてする〉ことであるからこそ、それには裏切られる可能性がある。裏切られてなお、あるいは自分自身がそれを裏切ってなお、信頼の価値を実現するために、信頼回復を反復するという構えを持つべきなのではないだろうか。

注

（1）哲学・倫理学の分野で信頼概念を用いて思索を展開したオノラ・オニールも同様の認識を記している。O' Neill, Onora, *A Question of Trust*, Cambridge University Press, 2002, p. 44.

（2）Fukuyama, Francis, *Trust. The Social Virtues and the Creation of Prosperity*, Free Press Paperbacks, New York 1995.

（3） Giddens, Anthony, *The Consequences of Modernity*, Polity Press, 1991, p. 36 and p. 100.

（4） Simmel, Georg, *Lebensanschauung*, Zweite Auflage, Verlag von Duncker & Humblot, 1922, S. 2. Vgl. Simmel, *ibid.*, S. 3, 102.　ジンメルのこの著作は、『生の哲学』という書名で邦訳されている。

（5） Simmel, Georg, *Soziologie. Untersuchung über die Formen der Vergesellschaftung*, Georg Simmel・Gesamtausgabe, Band 11, Suhrkamp, 1992, S. 393.

（6） 山岸俊男『安心社会から信頼社会へ　日本型システムの行方』中公新書、一九九九年、二二頁。

（7） Bollnow, Otto Friedrich, Wesen und Wandel der Tugenden, in: *Otto Friedrich Bollnow Schriften*, Band 2, Königshausen & Neumann, Würzburg 2009, S. 263.

（8） ブルース・シュナイアー、山形浩生訳『信頼と裏切りの社会』NTT出版、二〇一三年、一一頁。

（9） Luhmann, Niklas, *Vertrauen, Ein Mechanismus der Reduktion sozialer Komplexität*, 4. Auflage, Lucius & Lucius, Stuttgart 2005, S. 92.

（10） *Ibid.* S. 112.

（11） MacIntyre, Alasdair, *After Virtue*, Second Edition, University of Notre Dame, 1984, pp. 187–190.

（12） Bollnow, *ibid.*, S. 264ff.

（13） O' Neill, *ibid.*, pp. 57–58.　同書では、マイケル・パワーの "audit explosion" という表現も紹介されている。*Ibid.*, p. 47.

（14） もちろん、人間社会に信頼の減退をもたらしたできごとの中には、絶対に忘れてはならないこともある。それは人道に対する罪であり、教訓として人類の記憶に深く刻み込まれるべきできごと（犯罪）である。ただし、忘れてはならないのはそうした犯罪を二度と起こさないためである。この点からすれば、忘れてはならないのは加害者・加害企業の固有名ではない。固有名の記憶が犯罪を回避させるわけではないからである。

（15） Arendt, Hannah, *The Human Condition*, Second Edition, The University of Chicago Press, 1998, p. 237 and p. 240.

（16） 加藤尚武が論文「和解論の必要」（二〇一四年）で次のように記している、「もし赦すだけのあらゆる条件がみたされていたとしても、『赦し』を拒む理由がある。そういう理由が存在するということが『和解』の核心にあるということを忘れないということが必要なのである。」http://www.homo-contribuens.org/jp/kyodokenkyu/pdf/thesis_taki_037.pdf（最終閲覧日、二〇一五年八月二日）加藤の所説に従えば、〈ゆるし〉も信頼と同じく不確実性を背景にしていることになる。

（17）ジャック・デリダ、守中高明訳『赦すこと——赦し得ぬものと時効にかかりえぬもの』未來社、二〇一五年、三二頁。

（18）Bollnow, *ibid.*, S. 266.

参考文献

Arendt, Hannah, *The Human Condition*, Second Edition, The University of Chicago Press, 1998.

Bollnow, Otto Friedrich, Wesen und Wandel der Tugenden, in: *Otto Friedrich Bollnow Schriften*, Band 2, Königshausen & Neumann, Würzburg 2009.

Fukuyama, Francis, *Trust. The Social Virtues and the Creation of Prosperity*, Free Press Paperbacks, New York 1995.

Giddens, Anthony, *The Consequences of Modernity*, Polity Press, 1991.

MacIntyre, Alasdair, *After Virtue*, Second Edition, University of Notre Dame, 1984.

Luhmann, Niklas, *Vertrauen, Ein Mechanismus der Reduktion sozialer Komplexität*, 4. Auflage, Lucius & Lucius, Stuttgart 2005.

O' Neill, Onora, *A Question of Trust*, Cambridge University Press, 2002.

Simmel, Georg, *Lebensanschauung*, Zweite Auflage, Verlag von Duncker & Humblot, 1922.

Simmel, Georg, *Soziologie. Untersuchung über die Formen der Vergesellschaftung*, Georg Simmel·Gesamtausgabe, Band 11, Suhrkamp, 1992.

ブルース・シュナイアー、山形浩生訳『信頼と裏切りの社会』ＮＴＴ出版、二〇一三年。

ジャック・デリダ、守中高明訳『赦すこと——赦し得ぬものと時効にかかりえぬもの』未來社、二〇一五年。

山岸俊男『安心社会から信頼社会へ　日本型システムの行方』中公新書、一九九九年。

おわりに

本書は、早稲田大学文学学術院の研究機関（附置研究所）、総合人文科学研究センターの研究部門「現代日本における『信頼社会』再構築のための総合的研究」が、およそ四年間にわたって行った共同研究の成果である。この研究部門は、二〇一二年度末に設置され、本書の「はじめに」に記したような問題意識に基づいて学際的研究を遂行すべく、毎年度、研究会、講演会、シンポジウム、映画上映会などを企画・遂行してきた。研究会は公開としたので、おおくの学部学生、大学院生、卒業生も参加した。ここに、この研究部門に参加してくださった方々のお名前を記しておきたい。いずれも本学文学学術院の教員や助手である。

安部芳絵、岡部耕典、沖清豪、川副早央理、草柳千早、越川房子、高橋敏夫、竹中均、畑山要介、浜野喬士、藤本一勇、藤野京子、堀内正規、松永美穂、御子柴善之、宮本明子、森由利亜、山田真茂留（敬称略）

これらの方々全員の研究成果を、本書に収めることはできなかった。本書の内容をはるかに超える、豊かで多様な研究内容をお伝えできないのは残念である。

他方、この共同研究の成果を学生に提供すべく、私たちは二〇一五年度と二〇一六年度の各秋学期にリレー講義を開講した。人文研総合講座「それでも、信頼の可能性を問う」である。（本書の書名はこの講義名に由来する。）両年度とも、多くの学生の聴講を得ることができ、また各学期に二回開催したシンポジウム形式の授業は、学生をおおいに刺激するものとなり、好評だった。

他方、研究期間に、研究部門の外部から講師をお招きし、さまざまな形式のシンポジウム・研究会を企画した。ご登壇くださった方々のお名前を記しておきたい。

池谷薫氏（映画監督）、数土直規氏（学習院大学）、吉増剛造氏（詩人）、平野寛弥氏（目白大学）、鈴木泉氏（東京大学）、渡名喜庸哲氏（慶應義塾大学）、ウルリケ・クラウトハイム氏（東京ドイツ文化センター）、岩谷聡徳氏（アーツカウンシル東京）

さて、研究の世界で学際的研究の必要性が語られるようになって久しい。研究の細分化が、議論の精緻化を実現する反面、知の断片化をもたらしている状況への危惧が共有されているのである。私たちが遂行したのも、「信頼」をキーワードとした学際的研究である。ここに収録した一つひとつの論文は、なるほど独立した研究成果である。しかし、「信頼」という同じ山の山頂めがけて、さまざまなアプローチが試みられているのである。思い返すに、これらの論文の基となった研究発表の場はまさに学際的なものだった。既存のディシプリンがそれぞれに発達させた研究手法を尊重しつつも、質疑を通して思索を共有することができた。本書を手に取られる方々にも、複数の論文を読み合わせることで学際的な研究の雰囲気を感じ取っていただきたい。

私たちが「信頼」を共同研究のテーマとして設定してからすでに数年が経った。いまだに、「信頼回復」という言葉がメディアを介して響き続けている。もちろん、この言葉が語られなくなる日は来ないだろう。それでも、私たちはこの言葉が内実を欠いた陳腐なものと化すことを拒み続けねばならない。人文学こそがそれを可能にするのではないだろうか。

Y・M

〈執筆者一覧〉

岡部耕典（おかべ　こうすけ）
現職：早稲田大学文学学術院教授
著書に『ポスト障害者自立支援法の福祉政策——生活の自立とケアの自立を求めて』（明石書店、2010年）、編著に『パーソナルアシスタンス——障害者権利条約時代の新・支援システムへ』（生活書院、2017年）などがある。

草柳千早（くさやなぎ　ちはや）
現職：早稲田大学文学学術院教授
著書に『日常の最前線としての身体——社会を変える相互作用』（世界思想社、2015年）、『〈脱・恋愛〉論』（平凡社、2011年）、『「曖昧な生きづらさ」と社会』（世界思想社、2004年）などがある。

竹中均（たけなか　ひとし）
現職：早稲田大学文学学術院教授
著書に『精神分析と自閉症——フロイトからヴィトゲンシュタインへ』（講談社、2012年）、『自閉症とラノベの社会学』（晃洋書房、2016年）などがある。

藤野京子（ふじの　きょうこ）
現職：早稲田大学文学学術院教授
著書に『困っている子を支援する6つのステップ：問題行動解決のためのLSCI（生活空間危機介入）プログラム』（明石書店、2010年）、共著に『薬物離脱ワークブック』（金剛出版、2017年）などがある。

堀内正規（ほりうち　まさき）
現職：早稲田大学文学学術院教授
著書に『エマソン——自己から世界へ』（南雲堂、2017年）、共著に *Melville and the Wall of the Modern Age*（英文・南雲堂、2010年）などがある。

松永美穂（まつなが　みほ）
現職：早稲田大学文学学術院教授
論文に Ausländerin, einheimischer Mann, Confidente. Ein Grundschema in Yoko Tawadas Frühwerk. In: *Yoko Tawada. Poetik der Transformation*. Hrg. von Christine Ivanovic, 2010, Stauffenburg Verlag、「翻訳の森に分け入る——大学における翻訳教育を通して」（『文学』2014年9・10月号、岩波書店）などがある。

御子柴善之（みこしば　よしゆき）
現職：早稲田大学文学学術院教授
著書に『自分で考える勇気——カント哲学入門』（岩波書店、2015年）、共編著に『グローバル化時代の人権のために――哲学的考察』（上智大学出版、2017年）などがある。

宮本明子（みやもと　あきこ）
現職：同志社女子大学助教
論文に「「有りがたうさん」をめぐる追走劇」（中村三春編『映画と文学――交響する想像力』森話社、2016年）、「はじまりとしての『晩春』」（『ユリイカ』第48巻第3号、青土社、2016年1月）などがある。

山田真茂留（やまだ　まもる）
現職：早稲田大学文学学術院教授
著書に『〈普通〉という希望』（青弓社、2009年）、『集団と組織の社会学――集合的アイデンティティのダイナミクス』（世界思想社、2017年）などがある。

それでも、「信頼」の可能性を問う

2018年11月30日　初版発行
編著者　早稲田大学文学学術院
総合人文学研究センター研究部門
「現代日本における『信頼社会の再構築のための総合的研究」編
発行者　鈴木康一
発行所　株式会社文化書房博文社
〒112-0015　東京都文京区目白台１－９－９
電話 03(3947)2034／振替　00180-9-86955
URL: http://usernet-webne.jp/bunka/

ISBN978-4-8301-1311-6 0036　　印刷・製本　シナノ印刷株式会社
乱丁・落丁本はお取り替えいたします。